Menschen wie ein Buch lesen:

Wie Sie die Gefühle, Gedanken, Absichten und Verhaltensweisen von Menschen analysieren, verstehen und vorhersagen können

Von Patrick King
Coach für soziale Interaktion und Konversation unter
www.PatrickKingConsulting.com

Inhaltsverzeichnis

INHALTSVERZEICHNIS	**5**
EINFÜHRUNG	**7**
WARUM SIE ES WAHRSCHEINLICH FALSCH MACHEN	16
DAS PROBLEM DER OBJEKTIVITÄT	24
KAPITEL 1. MOTIVATION ALS VERHALTENSPRÄDIKTOR	**35**
MOTIVATION ALS AUSDRUCK DES SCHATTENS	38
UNSER INNERES KIND LEBT NOCH	51
DER MOTIVATIONSFAKTOR - VERGNÜGEN ODER SCHMERZ	56
DIE BEDÜRFNISPYRAMIDE	69
VERTEIDIGUNG DES EGOS	79
KAPITEL 2. DER KÖRPER, DAS GESICHT UND DIE CLUSTER	**99**
SCHAUEN SIE IN MEIN GESICHT	101
KÖRPERSPRACHE	113
AUF DEN PUNKT GEBRACHT	132
DER MENSCHLICHE KÖRPER IST EIN GANZES - LESEN SIE IHN SO	144
DENKEN IN FORM VON NACHRICHTEN-CLUSTERN	149
KAPITEL 3. PERSÖNLICHKEITSFORSCHUNG UND TYPOLOGIE	**159**
TESTEN SIE IHRE PERSÖNLICHKEIT	161

DAS BIG-FIVE-MODELL 162
JUNG UND DER MBTI 176
KEIRSEYS TEMPERAMENTE 189
DAS ENNEAGRAMM 197

KAPITEL 4. LÜGENDETEKTION 101 (UND WARNUNGEN) 207

DAS PROBLEM: UNGEWISSHEIT 209
ES GEHT UM DIE KONVERSATION 215
NUTZEN SIE DAS ELEMENT DER ÜBERRASCHUNG 222
WIE SIE DIE KOGNITIVE BELASTUNG ERHÖHEN 226
ALLGEMEINE TIPPS FÜR EINE ÜBERDURCHSCHNITTLICH GUTE LÜGENDETEKTION 235

KAPITEL 5. DIE MACHT DER BEOBACHTUNG NUTZEN 241

SO VERWENDEN SIE DAS „THIN SLICING" ODER „DÜNNE SCHEIBEN SCHNEIDEN" 243
INTELLIGENTE BEOBACHTUNGEN MACHEN 249
LESEN SIE MENSCHEN WIE SHERLOCK HOLMES EINEN TATORT LIEST 258
BEOBACHTUNG KANN AKTIV SEIN: WIE MAN FRAGEN VERWENDET 280
INDIREKTE FRAGEN; DIREKTE INFORMATIONEN 283

Einführung

Sind Sie schon einmal jemandem begegnet, der eine natürliche Gabe zu haben schien, andere Menschen zu verstehen? Sie scheinen mit einem instinktiven Verständnis dafür gesegnet zu sein, wie andere Menschen ticken und warum sie sich so verhalten, wie sie es tun, und zwar so sehr, dass sie oft vorhersagen können, was sie sagen oder fühlen werden.

Das sind die Menschen, die wissen, wie man so redet, dass andere sie wirklich verstehen, oder die Menschen, die schnell erkennen können, wenn jemand lügt oder versucht, sie zu manipulieren. Manchmal kann eine solche Person die Emotionen einer anderen Person wahrnehmen und deren Beweggründe in einem Maße verstehen, das sogar die eigene Reflexion dieser Person übersteigt.

Es kann wie eine Zauberkraft wirken. Wie machen sie das?

Die Wahrheit ist, dass diese Fähigkeit nicht wirklich etwas Mystisches ist, sondern eine Fähigkeit wie jede andere, die tatsächlich gelernt und gemeistert werden kann. Während einige es als emotionale Intelligenz oder einfaches soziales Bewusstsein bezeichnen, sehen andere es eher als etwas, was ein klinischer Psychologe oder Psychiater tun kann, wenn er ein Aufnahmegespräch mit einem neuen Patienten führt. Auf der anderen Seite sehen Sie diese Fähigkeit vielleicht als etwas, das ein erfahrener FBI-Agent, Privatdetektiv oder Polizeibeamter mit Erfahrung entwickeln kann.

In diesem Buch werden wir uns alle Möglichkeiten ansehen, wie wir diese Fähigkeiten in uns selbst entwickeln können, ohne dass wir ein

Psychologiestudium oder die Erfahrung eines ausgebildeten CIA-Verhörers benötigen.

Das Lesen und Analysieren von Menschen ist zweifellos eine wertvolle Fähigkeit. Wir begegnen und interagieren ständig mit anderen Menschen und müssen mit ihnen zusammenarbeiten, wenn wir ein erfolgreiches, harmonisches Leben führen wollen. Wenn wir wissen, wie wir den Charakter, das Verhalten und die unausgesprochenen Absichten eines Menschen schnell und genau analysieren können, können wir effektiver kommunizieren und, um es ganz offen zu sagen, bekommen, was wir wollen.

Wir können die Art und Weise, wie wir kommunizieren, anpassen, um sicherzugehen, dass wir unser Zielpublikum wirklich erreichen; wir können erkennen, wenn wir getäuscht oder beeinflusst werden. Wir können auch Menschen besser verstehen, die ganz anders sind als wir, und die von ganz anderen Werten ausgehen. Ganz gleich, ob Sie versuchen, ein wenig mehr über eine Person zu erfahren, die Sie gerade erst kennengelernt haben, indem Sie in ihren Sozialen Medien stöbern, ob Sie einen neuen Mitarbeiter interviewen oder versuchen zu verstehen, ob der Mechaniker die Wahrheit über Ihr Auto sagt - Menschen gut zu lesen ist eine unbezahlbare Fähigkeit.

Es ist verrückt, wenn man wirklich darüber nachdenkt: Jede Person, die man jemals trifft, ist im Grunde ein Rätsel für einen selbst. Wie können wir wirklich wissen, was in ihren Köpfen vor sich geht? Was sie denken, fühlen, planen? Wie können wir jemals wirklich verstehen, was ihr Verhalten bedeutet, warum sie so motiviert sind, wie sie es sind, und sogar wie sie *uns* sehen und verstehen?

Die Welt eines anderen Menschen ist für uns wie eine Blackbox. Alles, worauf wir uns stützen können, sind die Dinge *außerhalb* dieser Blackbox - die Worte, die sie sagen, ihre Mimik und Körpersprache, ihre Handlungen, unsere Vorgeschichte mit ihnen, ihre körperliche Erscheinung, der Tonfall, die Qualität ihrer Stimme und so weiter.

Bevor wir in unserem Buch viel weiter gehen, lohnt es sich, diese unbestreitbare Tatsache anzuerkennen - Menschen sind komplexe, lebende, sich verändernde Organismen, deren inneres Erleben im Wesentlichen in sich selbst abgeschlossen ist. Auch wenn manche das Gegenteil behaupten, kann niemand wirklich mit Gewissheit sagen, dass er vollständig weiß, wer jemand ist.

Dennoch können wir sicherlich besser darin werden, die beobachtbaren Zeichen zu lesen. „Geisteslehre" ist der Begriff, den wir verwenden, um die Fähigkeit zu beschreiben, über die kognitiven und emotionalen Realitäten anderer Menschen nachzudenken. Es ist der (durchaus menschliche) Wunsch, ein Modell über die Gedanken, Gefühle und Handlungen eines anderen Menschen zu erstellen. Und wie jedes Modell ist es eine Vereinfachung der Tiefe und Komplexität der realen Person, die wir vor uns haben. Wie jedes Modell hat es Grenzen und erklärt die Realität nicht immer perfekt.

Unser Ziel beim Erlernen der Feinabstimmung unserer Fähigkeit, Menschen zu analysieren, ist es, die besten Vermutungen anzustellen.

Wir lernen, so viele hochwertige Daten über eine Person zu sammeln, wie wir können, und diese intelligent zu analysieren. Wenn wir diese kleinen Daten in ein robustes und genaues Modell der menschlichen Natur (oder mehr als ein Modell) eingeben können, erhalten wir ein tieferes Verständnis der Person. Auf die gleiche Weise, wie ein Ingenieur eine komplizierte Maschine betrachten und auf ihre Funktionsweise und beabsichtigte Funktion schließen kann, können wir lernen, auf lebende, atmende Menschen zu schauen und sie zu analysieren, um das Was, Warum und Wie ihres Verhaltens besser zu verstehen.

In den folgenden Kapiteln werden wir viele verschiedene Modelle betrachten - es handelt sich nicht um konkurrierende Theorien, sondern um verschiedene Arten, einen Menschen zu betrachten. Wenn wir sie alle zusammen anwenden, gewinnen wir ein neues Verständnis für die Menschen um uns herum.

Was wir mit diesem Verständnis tun, liegt an uns. Wir könnten es nutzen, um eine reichhaltigere und mitfühlendere Haltung gegenüber denjenigen zu entwickeln, die uns wichtig sind. Wir könnten unser Wissen nehmen und es am Arbeitsplatz oder überall dort anwenden, wo wir mit einer Vielzahl von verschiedenen Personen kooperieren und zusammenarbeiten müssen. Wir könnten es nutzen, um bessere Eltern oder bessere Liebespartner zu werden. Wir könnten es nutzen, um unseren Small Talk zu verbessern, um Lügner oder Menschen mit Hintergedanken zu erkennen oder um uns bei Konflikten effektiv mit Menschen zu versöhnen.

Der Moment, in dem wir zum ersten Mal jemand Neuem begegnen, ist der Moment, in dem wir am meisten geschärfte Wahrnehmungs- und Analysefähigkeiten brauchen. Selbst die emotional und sozial am wenigsten intelligenten Menschen können etwas über andere Menschen lernen, wenn sie sich lange genug mit ihnen beschäftigen. In diesem Buch geht es aber vor allem um jene Fähigkeiten, die es Ihnen ermöglichen, wirklich nützliche Informationen über Nahestehende zu sammeln, am besten schon nach einem einzigen Gespräch.

Wir werden ein wenig tiefer in die Kunst einer schnellen Entscheidung eintauchen, die wirklich akkurat ist, wie man die Persönlichkeiten und Werte von Menschen anhand ihrer Sprache, ihres Verhaltens und sogar ihrer persönlichen Besitztümer einschätzt, wie man Körpersprache liest und sogar wie man eine Lüge erkennt, während sie passiert.

Ein weiterer Vorbehalt, bevor wir eintauchen: Beim Analysieren und Lesen von Menschen geht es um viel, viel mehr als nur um Ahnungen oder spontane emotionale Reaktionen. Obwohl Instinkt und Bauchgefühl eine Rolle spielen können, konzentrieren wir uns hier auf Methoden und Modelle, die fundiert theoretisch bestätigt sind und versuchen, über einfache Voreingenommenheit oder Vorurteile hinauszugehen. Schließlich wollen wir ja, dass unsere Analysen *genau* sind, wenn sie uns etwas nützen sollen!

Wenn wir andere analysieren, gehen wir methodisch und logisch vor.

Was sind die Ursprünge oder Ursachen dessen, was wir vor uns sehen, d.h. was ist das ursprüngliche Element?

Was sind die psychologischen, sozialen und physiologischen Mechanismen, die das Verhalten, das Sie beobachten, aufrechterhalten?

Was ist das Ergebnis oder die Auswirkung dieses Phänomens, das Sie vor sich sehen? Mit anderen Worten, wie wirkt sich das, was Sie sehen, auf den Rest der Umgebung aus?

Wie wird das Verhalten, das Sie beobachten, durch bestimmte Ereignisse, das Verhalten anderer oder sogar als Reaktion auf Sie selbst ausgelöst?

In den folgenden Kapiteln werden wir uns intelligente Wege ansehen, wie Sie Ihre rationale, datengetriebene Analyse der komplexen und faszinierenden Menschen, die Ihren Weg kreuzen, strukturieren können. Vielleicht erkennen Sie, dass diese Art der Analyse die Grundlage für so viele andere Kompetenzen ist. Zum Beispiel kann das Wissen, wie man Menschen liest, Ihre Fähigkeit zum Mitgefühl verbessern, Ihre Kommunikationsfähigkeiten steigern, Ihr Verhandlungsgeschick verbessern, Ihnen helfen, bessere Grenzen zu setzen, und der unerwartete Nebeneffekt: Ihnen helfen, *sich selbst* besser zu verstehen.

Warum Sie es wahrscheinlich falsch machen

Viele Menschen glauben, sie könnten „gut mit Menschen umgehen".

Es ist sehr einfach, kühn zu behaupten, dass man die Beweggründe einer anderen Person versteht, ohne jemals wirklich zu überprüfen, ob man richtig liegt. Leider ist der Bestätigungsfehler eine wahrscheinlichere Erklärung - d.h. Sie erinnern sich an all die Male, in denen Ihre Einschätzungen richtig waren und ignorieren oder verharmlosen die Male, in denen Sie eindeutig falsch lagen. Das, oder

Sie fragen einfach nie, ob Sie überhaupt richtig liegen. Wie oft haben Sie schon gehört: „Ich dachte immer, dass so-und-so ein ach-so-netter Mensch ist, aber als ich ihn kennenlernte, merkte ich, dass ich völlig falsch lag"?

Tatsache ist, dass Menschen den Charakter oft weit weniger genau einschätzen, als sie gerne glauben. Wenn Sie dieses Buch lesen, wissen Sie wahrscheinlich, dass es ein paar Dinge gibt, die Sie wahrscheinlich lernen könnten. Es schadet nie, ein neues Projekt auf einem weißen Blatt zu beginnen. Schließlich kann nichts dem Erlernen wirklich effektiver Techniken so sehr im Wege stehen wie die Überzeugung, dass man schon alles weiß und nichts mehr zu lernen braucht!

Was sind also die Hindernisse, um brillant im Lesen von Menschen zu werden?

Das Wichtigste, was Sie beachten sollten, ist der *Kontext*. Vielleicht haben Sie im Internet einen Artikel mit dem Titel „5 verräterische Anzeichen dafür, dass jemand lügt" gesehen und daraufhin versucht, einige davon im echten Leben zu erkennen. Das Problem dabei ist offensichtlich: Schaut die Person nach oben und nach links, weil sie eine Lüge erzählt, oder wurde ihre Aufmerksamkeit einfach von etwas auf dem Dach gefangen genommen?

Genauso könnte eine Person, die im Gespräch einen interessanten „freudschen Versprecher" macht, Ihnen ein pikantes Geheimnis über sich selbst verraten - oder sie könnte einfach unter Schlafmangel leiden und buchstäblich einen Fehler gemacht haben. Der Kontext ist wichtig.

Genauso wenig können wir aus einer *einzigen* Aussage, einem Gesichtsausdruck, einem Verhalten oder einem Moment etwas Endgültiges über die ganze Person ableiten. Haben Sie heute nicht schon etwas getan, das, wenn man es allein analysiert, zu völlig unsinnigen Schlussfolgerungen über Ihren Charakter führen würde? Eine Analyse kann nur mit Daten erfolgen - nicht mit einem einzelnen Datum - und sie kann nur erfolgen, wenn wir in der Lage sind, breitere Trends zu sehen.

Diese breiteren Trends müssen auch in den kulturellen Kontext eingeordnet werden, aus dem die Person, die Sie analysieren, stammt. Einige Zeichen sind universell, während andere variieren können. Zum Beispiel ist es in den meisten Kulturen verpönt, mit den Händen in den Taschen zu sprechen. Augenkontakt hingegen kann eine heikle Angelegenheit sein. In Amerika ist Augenkontakt generell erwünscht, da er als Zeichen von Ehrlichkeit und Intelligenz angesehen wird. In Ländern wie Japan wird der Blickkontakt jedoch nicht erwünscht, da er als respektlos gilt. In ähnlicher Weise kann eine Reihe von Hinweisen in Ihrer eigenen Kultur eine bestimmte Bedeutung haben und in einer anderen etwas völlig anderes. Es kann anfangs etwas schwierig sein, sich diese verschiedenen Interpretationsmodelle zu merken, aber wenn Sie die Kunst üben, wird sie Ihnen ganz natürlich vorkommen.

Wenn eine Person in einem einzigen kurzen Gespräch fünfmal die gleiche ungewöhnliche Sache macht, dann ist das etwas, worauf man achten sollte. Wenn jemand einfach behauptet: „Ich kenne diese Frau. Sie ist ein introvertierter Mensch. Ich habe sie einmal gesehen, wie sie ein Buch gelesen hat", dann würde man ihn nicht gerade als Meister im Enträtseln der menschlichen Psyche bezeichnen! Es lohnt sich also, sich an ein weiteres wichtiges Prinzip zu erinnern: Bei unserer Analyse *suchen wir nach Mustern.*

Eine weitere Möglichkeit, wie kluge Menschen zu nicht so klugen Schlussfolgerungen über andere kommen können, ist, dass sie *es versäumen, eine Basislinie festzulegen.* Der Typ vor Ihnen hat vielleicht viel Augenkontakt, lächelt oft, macht Ihnen Komplimente, nickt, berührt sogar gelegentlich Ihren Arm. Sie könnten zu dem Schluss kommen, dass dieser Typ Sie wirklich mögen muss, bis Sie merken, dass er mit jeder Person, die er trifft, so umgeht. Er zeigt Ihnen tatsächlich kein Interesse, das über sein normales Maß hinausgeht, so dass alle Ihre Beobachtungen nicht ganz dahin führen, wo sie normalerweise hinführen würden.

Schließlich gibt es noch etwas zu berücksichtigen, wenn Sie andere Menschen studieren, und das ist oft ein echter Knackpunkt: Sie selbst. Sie könnten zu dem Schluss kommen, dass jemand versucht, Sie zu täuschen, dabei aber Ihre eigene paranoide und vorsichtige Natur völlig außer Acht lassen, sowie die Tatsache, dass Sie vor kurzem belogen wurden und noch nicht ganz darüber hinweg sind.

Dieser letzte Punkt könnte ironischerweise der eigentliche Schlüssel sein, um andere Menschen zu entschlüsseln - indem wir sicherstellen, dass wir uns selbst ein Mindestmaß an Verständnis entgegenbringen, bevor wir unseren analytischen Blick nach außen richten. Wenn Sie sich nicht darüber im Klaren sind, wie Sie Ihre eigenen Bedürfnisse, Ängste, Annahmen und Vorurteile auf andere projizieren, werden Ihre Beobachtungen und Schlussfolgerungen über andere nicht viel wert sein. Tatsächlich haben Sie vielleicht nur einen Umweg entdeckt, um etwas über sich selbst und das kognitive und emotionale Gepäck zu erfahren, das *Sie* mit *sich* herumtragen.

Lassen Sie uns einige dieser Prinzipien in Aktion sehen.

Nehmen wir an, Sie führen ein Vorstellungsgespräch mit einer Person, die Ihr Unternehmen einstellen möchte. Sie haben nur wenig Zeit, um festzustellen, ob sie zum Rest des Teams passen würde. Sie bemerken, dass sie ziemlich schnell spricht und gelegentlich über ihre Worte stolpert. Sie sitzt buchstäblich auf der Kante ihres Sitzes und hat die Hände fest umklammert. Könnte sie eine sehr nervöse und unsichere Person sein? Sie stellen Ihr Urteil zurück, da Sie wissen, dass jeder in Vorstellungsgesprächen nervös ist (d. h., Sie respektieren den Kontext).

Sie bemerken, dass die Bewerberin mehr als einmal erwähnt, dass ihr vorheriger Arbeitgeber sehr streng in der Zeitplanung war, während sie es vorzieht, unabhängig zu arbeiten und ihre Zeit selbst einzuteilen. Sie fragen sich, ob dies bedeutet, dass sie schlecht Anweisungen von der Geschäftsleitung annehmen kann, oder ob sie wirklich ein unabhängiger und proaktiver Typ ist. Sie haben keinen Anhaltspunkt, also fragen Sie sie nach ihrer Studienzeit und was sie studiert hat. Sie erzählt Ihnen von Forschungsprojekten, die sie selbstständig durchgeführt hat, und wie eng sie mit ihrem alten Vorgesetzten zusammengearbeitet hat. Das sagt Ihnen, dass sie unter Management arbeiten *kann* . . . wenn das Projekt etwas ist, das ihr am Herzen liegt.

Wenn Sie sich nur auf ihre Nervosität konzentriert hätten, wären Sie nicht sehr weit gekommen. Viele Personalverantwortliche werden Ihnen sagen, dass es auf jeden Fall ein Warnsignal ist, schlecht über einen früheren Arbeitgeber zu sprechen, aber im Vorstellungsgespräch suchen Sie nach *Mustern*, nicht nach einzelnen Ereignissen. Sie können sogar in Betracht ziehen, dass sie sich nervös verhält, weil *Sie* sie nervös machen. Wenn Sie eine große und körperlich dominante Person mit einer tiefen Stimme und einem ernsten Gesichtsausdruck sind, wissen Sie vielleicht, dass es nicht die Frau selbst ist, die Sie beobachten, sondern die Frau, wie sie in Ihrer Gesellschaft erscheint.

Wenn wir uns an ein paar einfache Prinzipien erinnern, können wir sicherstellen, dass unsere Analyse immer kontextbezogen, gut durchdacht und dreidimensional ist. Es geht darum, die Informationen, die wir vor uns haben, zu einer kohärenten Arbeitstheorie zu synthetisieren, anstatt einfach nur ein paar stereotype Verhaltensweisen zu erkennen und einfache Schlussfolgerungen zu ziehen.

Das Problem der Objektivität

„Dein Cousin war wirklich verärgert, als du gestern Abend diesen Witz über Politik gemacht hast."

„Verärgert? Nein, er war nicht verärgert; er fand es lustig. Ich erinnere mich!"

„Auf keinen Fall! Er hat die Stirn gerunzelt. Ich dachte, er wäre total sauer auf dich ..."

Haben Sie schon einmal ein Gespräch mit einer Gruppe von Menschen geführt, nur um später herauszufinden, dass verschiedene Mitglieder der Gruppe eine völlig andere Einschätzung dessen hatten, was passiert ist? Manchmal sind sich die

Leute völlig uneinig darüber, ob jemand geflirtet hat, ob sich jemand unwohl fühlte oder beleidigt war, ob sich jemand daneben benommen hat oder unhöflich war. Es kann sich anfühlen, als würde man in zwei verschiedenen Realitäten leben!

Einige Studien zeigen, dass nur etwa sieben Prozent unserer Kommunikation aus dem tatsächlich gesprochenen Wort stammen, während satte fünfundfünfzig Prozent davon aus der Körpersprache stammen. Das bedeutet, dass das, was Menschen sagen, oft der schlechteste Indikator dafür ist, was sie eigentlich vermitteln wollen. Selbst der Tonfall verrät nur etwa achtunddreißig Prozent der eigentlichen Geschichte. Jetzt wird klar, warum Menschen Gruppengespräche oft mit gegensätzlichen Meinungen darüber verlassen, was in dieser Interaktion wirklich stattgefunden hat - sie untersuchen die falschen Faktoren, um zu ihrem Urteil zu gelangen. Um die wirkliche, nonverbale Konversation oder den Dialog, den jemand mit Ihnen führt, zu erfassen, müssen Sie sowohl die verbalen als auch die nonverbalen Hinweise berücksichtigen.

Wir haben bereits gesehen, dass die bloße Behauptung, Sie seien ein „Menschenfreund", nicht wirklich ein Beweis dafür ist, dass Sie tatsächlich besser darin sind, sie zu lesen. Aber es stellt sich heraus, dass es einen wissenschaftlichen Weg gibt, diese Eigenschaft bei Menschen tatsächlich zu messen. Simon Baron Cohen (ja, es gibt eine Verwandtschaft mit dem Komiker Sascha Baron Cohen - sie sind Cousins) hat einen Test entwickelt, den er als sozialen Intelligenztest bezeichnet. Der Test wird auf einer Skala von sechsunddreißig Punkten bewertet, wobei die Ergebnisse bei Menschen mit Autismus unter zweiundzwanzig liegen und die durchschnittliche Punktzahl bei sechsundzwanzig.

Der Test bittet Sie im Wesentlichen darum, die Emotionen anderer Menschen zu erschließen, indem Sie *ihnen einfach in die Augen schauen*, d.h. er testet, wie empathisch sie sind. Die Person lächelt vielleicht, aber fühlt sie sich wirklich unwohl? Die Fähigkeit, die Emotionen anderer Menschen lesen zu können, wurde mit einer insgesamt höheren sozialen

Intelligenz in Verbindung gebracht, was wiederum zu einer besseren Zusammenarbeit in Teams, empathischem Verständnis und besseren Fähigkeiten, Menschen zu lesen, führt.

Wenn Sie neugierig sind, können Sie diesen Test selbst auf einem Desktop-Computer durchführen, indem Sie dem folgenden Link folgen: http://socialintelligence.labinthewild.org/. Sie werden gebeten, Bilder zu betrachten, die nur die Augen von Menschen zeigen, und aus vier Emotionen auszuwählen, um zu beschreiben, was Sie denken, was die Person fühlt. Aber machen Sie sich darauf gefasst, dass Sie von Ihren Ergebnissen - oder den Ergebnissen Ihrer Freunde und Familie - überrascht sein werden.

Natürlich ist dies ein Test, der wie jeder andere Test dieser Art Fehler und Einschränkungen hat. Wenn Sie zum Beispiel ein soziales Genie sind, aber einen schlechten Wortschatz haben oder kulturell nicht westlich oder englischsprachig sind, sollten Ihre Ergebnisse mit Vorsicht interpretiert werden. Dieser Test zeigt

Ihnen, wie gut Sie in der Lage sind, die Emotionen von Menschen aus sehr wenigen Informationen zu lesen - d. h. aus nicht mehr als einem einzigen Blick in ihre Augen.

Aber dies ist nur ein kleines Stück des Puzzles. Was dieser Test uns sagt, ist, dass wir nicht alle die gleiche Bandbreite an sozialen Fähigkeiten besitzen, und dass wir vielleicht weniger geschickt sind, als wir zunächst dachten. Das wiederum zeigt uns, dass es nicht immer ausreicht, sich auf Ahnungen oder Intuition zu verlassen - man kann Menschen leicht falsch einschätzen.

Wenn wir uns mit Dingen wie den trüben, verborgenen inneren Tiefen der Herzen und Köpfe anderer Menschen beschäftigen, müssen wir uns bemühen, so objektiv wie möglich zu bleiben. Wir können nicht immer unserem ersten Impuls vertrauen. Wenn Sie den obigen Test gemacht haben und nur sechsundzwanzig von sechsunddreißig Punkten erreicht haben, dann können Sie vernünftigerweise davon ausgehen, dass Sie in zehn von sechsunddreißig Begegnungen den

Gesichtsausdruck von jemandem falsch interpretieren würden.

Wenn das der Fall ist, was fehlt Ihnen dann noch?

Auf der anderen Seite ist der Blick in die Augen eines Menschen nur ein winziger Teil der Informationen, mit denen Sie in jeder sozialen Situation arbeiten müssen. Sie haben seine Körperhaltung und Körpersprache, was er sagt (und was er nicht sagt!), seinen Tonfall, seine Einstellung, den Kontext, in dem Sie beide ein Gespräch führen....

Wenn Sie bei dem Test nicht sehr gut abgeschnitten haben, machen Sie sich keine Sorgen, das bedeutet nicht, dass Sie autistisch oder sozial unkompetent sind. Im wirklichen Leben begegnen wir in einem Augenblick viel mehr als nur einem Einzelbild der Augen von jemandem allein. Vielleicht können Sie diese und alle anderen Informationen, die Ihnen zur Verfügung stehen, tatsächlich besser zusammensetzen, als Sie denken.

Was Sie jedoch vielleicht versuchen möchten, ist, bewusst daran zu arbeiten, Ihre Fähigkeiten im Lesen von Menschen auf die in diesem Buch besprochene Weise zu verbessern, und dann ein oder zwei Monate später wiederzukommen, um den Test erneut zu machen. Vielleicht entdecken Sie etwas Faszinierendes - nämlich dass unsere empathischen und sozialen Fähigkeiten nicht festgelegt sind, sondern entwickelt und verbessert werden können. Sobald Sie eine Basislinie für Ihre eigenen Fähigkeiten im Menschenlesen haben, sind wir bereit, zu den Theorien und Modellen überzugehen, die Ihnen helfen werden, Ihre Fähigkeiten auf Sherlock-Niveau zu verfeinern.

Fazit

- Der größte Teil der Kommunikation, die zwischen Menschen stattfindet, ist nonverbaler Natur. Was Menschen sagen, ist oft ein schlechter Indikator für das, was sie vermitteln wollen, was das Lesen von Menschen zu einer wertvollen Lebenskompetenz mit fast endlosen Vorteilen macht. Obwohl wir alle mit unterschiedlichen Begabungen gesegnet sind, ist es möglich, diese Fähigkeit in uns selbst zu entwickeln, solange wir ehrlich darüber sein können, wo wir anfangen.

- Unabhängig davon, welche Theorie oder welches Modell wir verwenden, um unsere Beobachtungen zu analysieren und zu interpretieren, müssen wir den Kontext berücksichtigen und wissen, wie er sich auswirkt. Ein einzelnes Zeichen führt selten zu genauen Urteilen; man muss sie in Clustern betrachten. Die Kultur, aus der die Menschen kommen, ist ein weiterer wichtiger Faktor, der dabei hilft, Ihre Analyse angemessen zu kontextualisieren.
- Verhalten ist im luftleeren Raum bedeutungslos; wir müssen eine Basislinie festlegen, damit wir wissen, wie wir das, was wir sehen, interpretieren können. Das bedeutet, dass Sie feststellen müssen, wie jemand normalerweise ist, um Abweichungen davon zu erkennen, um genaue Interpretationen zu ziehen, wenn er glücklich ist, aufgeregt, verärgert usw.

- Schließlich werden wir zu großartigen Menschenlesern, wenn wir uns selbst verstehen. Wir müssen wissen, welche Vorurteile, Erwartungen, Werte und unbewusste Antriebe wir mitbringen, damit wir in der Lage sind, die Dinge so neutral und objektiv wie möglich zu sehen. Wir müssen uns davor hüten, unser Urteil von Pessimismus vernebeln zu lassen, weil es oft einfacher ist, zu einer negativen Schlussfolgerung zu gelangen, wenn eine alternative, positivere ebenso wahrscheinlich ist.
- Um einen besseren Einblick in die Fortschritte zu bekommen, die Sie beim Lesen dieses Buches machen, müssen Sie Ihre Fähigkeiten bei der Analyse von Menschen kennen, wenn Sie anfangen. Simon Baron Cohen hat sich einen Test ausgedacht, der auf http://socialintelligence.labinthewild.org/ verfügbar ist und der Ihnen helfen wird, einzuschätzen, wie gut Sie gerade darin sind, die Emotionen von Menschen zu lesen. Es ist auch ein guter Weg, um zu der Erkenntnis zu kommen, dass wir vielleicht nicht

so gut darin sind, Menschen zu lesen,
wie wir glauben.

Kapitel 1. Motivation als Verhaltensprädiktor

Warum sollte man sich überhaupt die Mühe machen, Menschen zu verstehen? Warum sollte man sich die Mühe machen, zu lernen, wie und warum Menschen funktionieren?

Wenn Sie sich an eine Situation zurückerinnern, in der Sie verzweifelt versucht haben, jemanden einzuschätzen, könnte es daran gelegen haben, dass Sie sehr darauf bedacht waren, wie er sich verhalten *würde* - oder dass Sie versucht haben, zu verstehen, warum er sich bereits so verhalten *hat*, wie er es tat.

Um zu verstehen, warum Menschen sich so verhalten, wie sie es tun, müssen wir die Ursachen und Treiber dieses Verhaltens untersuchen: ihre Motivationen. Jeder (auch Sie) wird aus dem einen oder anderen Grund zum Handeln getrieben. Sie mögen diesen Grund nicht immer sehen oder verstehen, aber es gibt einen. Nur bei Wahnsinn handelt eine Person ohne jeglichen Grund! Um also ein Verhalten in den Griff zu bekommen, es zu verstehen, vorherzusagen oder sogar irgendwie zu beeinflussen, müssen Sie verstehen, *was es antreibt*, d. h. Sie müssen verstehen, was eine Person motiviert.

Warum haben Sie dieses Buch in die Hand genommen? Warum sind Sie heute Morgen aufgestanden? Warum haben Sie die zweifellos Hunderte Dinge getan, die Sie heute schon getan haben?

Sie hatten Ihre Gründe, bewusst oder unbewusst, und eine andere Person könnte einen beträchtlichen Einblick in das gewinnen, wer Sie sind, wenn sie wüsste, was diese Beweggründe waren.

In diesem Kapitel werden wir uns alles ansehen, was Menschen zum Handeln inspiriert: Verlangen, Hass, Gefallen und Abneigung, Freude und Schmerz, Angst, Verpflichtung, Gewohnheit, Zwang und so weiter. Wenn Sie einmal wissen, was jemanden motiviert, können Sie anfangen, sein Verhalten als eine natürliche und logische Erweiterung dessen zu sehen, was er als Person ist. Sie können rückwärts arbeiten, von ihren Handlungen zu ihren Motivationen und schließlich zu *ihnen* und dem, was sie als Personen sind.

Menschen sind durch psychologische, soziale, finanzielle, sogar biologische und evolutionäre Faktoren motiviert, die alle auf interessante Weise miteinander interagieren können. Was ist den Menschen wichtig? Nach Interessen, Werten, Zielen und Ängsten zu fragen, ist mehr oder weniger eine Frage nach Motivationen. Sobald Sie wissen, woher eine Person in diesem Sinne kommt, können Sie beginnen, sie und ihre Welt *in ihren eigenen Begriffen* zu verstehen.

In diesem Kapitel werden wir die vielen verschiedenen Motivatoren hinter dem menschlichen Verhalten erkunden. Betrachten Sie diese als Erklärungsmodelle, durch die Sie das Verhalten anderer beobachten können und mit denen Sie das Gesehene auf einer tiefen Ebene verstehen können. Beginnen wir mit der tiefsten Ebene von allen: dem Unbewussten.

Motivation als Ausdruck des Schattens

Es ist ein altes Klischee: Ein glatzköpfiger und übergewichtiger Mann mittleren Alters braust in einem teuren, lauten roten Sportwagen vorbei, und die Leute auf dem Bürgersteig bemerken: „Mensch, ich frage mich, was er kompensiert?" Es ist nur ein grober Witz, aber er spricht ein allgemeines Verständnis der Tatsache an, dass Menschen manchmal von unbewussten, inneren Kräften angetrieben werden, die sie selbst vielleicht nicht unbedingt sehen.

Vielleicht sind Sie mit dem Konzept des Schweizer Psychologen Carl Jung über den

Schatten vertraut. Vereinfacht ausgedrückt, enthält der Schatten all jene Aspekte unseres Wesens, die wir verleugnet, ignoriert oder von denen wir uns abgewendet haben. Dies sind die Teile unseres Wesens, die wir vor anderen - und sogar vor uns selbst - verbergen. Unsere Kleinlichkeit, unsere Angst, unsere Wut, unsere Eitelkeit.

Die Idee ist, dass, wenn wir unseren Schatten integrieren, wir ein tieferes Gefühl der Ganzheit kultivieren und als authentische, vollständige Menschen leben können. Sehen Sie, Jung interessierte sich nicht für „Positivität" und Selbstverbesserung in dem Sinne, wie es heute populär ist. Er war der Meinung, dass psychische Gesundheit und Wohlbefinden dadurch entstehen, dass man sich selbst anerkennt und akzeptiert - und zwar in seiner Gesamtheit - anstatt die unerwünschten Teile von sich selbst immer weiter wegzuschieben.

Es kann enorm befriedigend sein, „Schattenarbeit" zu betreiben, d.h. bewusst zu versuchen, diese enterbten Teile von sich selbst zurückzufordern. Aber wie können wir dieses Konzept nutzen, um die Menschen um uns herum, die ebenfalls Schatten besitzen, besser zu verstehen?

Die Sache mit dem Schatten ist, dass er, auch wenn er aus dem Bewusstsein verdrängt wird, immer noch sehr präsent ist. Tatsächlich kann er sich auf subtilere Weise bemerkbar machen, indem er sich in Verhalten, Gedanken und Gefühlen manifestiert oder in Träumen oder schutzlosen Momenten auftaucht. Wenn wir diese äußeren Zeichen bei anderen beobachten und verstehen können, können wir einen tiefen Einblick in ihren Charakter gewinnen.

Wir leben in einer Welt der Dualität - das Dunkle existiert wegen des Lichts, das Oben verstehen wir nur wegen des Unten, und was hochenergetisch ist, muss irgendwann langsamer werden und aufhören. Das einfache Verständnis dieses Prinzips kann uns helfen, auch die Menschen zu verstehen. Wir alle sind eine Mischung aus sich ergänzenden, verbundenen und voneinander abhängigen Kräften. Wie das

Yin und Yang bringt jedes das andere hervor und gleicht es aus.

Stellen Sie sich jemanden vor, der in einem strengen Haushalt aufgewachsen ist und dazu gedrängt wurde, akademisch gut zu sein. Keine späten Nächte, kein Alkohol, keine Freunde zu Besuch, nur den ganzen Tag lernen, jeden Tag. Sie könnten eine solche Person betrachten und feststellen, wie zutiefst unausgeglichen oder polarisiert ihr Wesen ist. Ihr bewusster Verstand ist nur auf einen Aspekt ihres Seins fokussiert. Aber was passiert mit ihrem Impuls, frei zu sein, zu rebellieren, zu spielen, ein bisschen wild zu sein? Wohin geht er?

Wahrscheinlich kennen Sie ein paar Menschen, die genau so eine Kindheit erlebt haben. Und die Art und Weise, wie die Geschichte abläuft, kommt Ihnen vielleicht sehr bekannt vor: Im frühen Erwachsenenalter erliegt eine solche Person schließlich den lange unterdrückten und versteckten Bedürfnissen nach Freiheit, Ausdruck und Rebellion und „tobt sich aus", lässt das Studium sausen und lebt sich aus, als ob sie die verlorene Zeit nachholen würde.

Wir können dieses Phänomen verstehen, wenn wir das Prinzip des Schattens anwenden. Selbst wenn wir einem vollkommen wohlerzogenen und disziplinierten Schüler begegnen, wissen wir, dass sein Schatten alles enthält, was für ihn, für andere und für seine Umgebung inakzeptabel ist. Genauso wie es Energie kostet, einen Strandball ständig unter Wasser zu halten, kostet es Energie, den Schatten zu verleugnen. Aber irgendwann taucht der Ball auf.

Mit einem Schatten zu leben, der uns unbekannt ist, kann uns psychisches Unbehagen bereiten. Der Verstand, der Körper und der Geist streben danach, ganz zu sein, und wenn diese Ganzheit nur durch eine Explosion von verdrängtem Material an die Oberfläche des bewussten Bewusstseins erreicht wird, dann soll es so sein. Wenn Sie Jungs Theorie des Schattens verwenden, können Sie einige wichtige Erkenntnisse gewinnen, wenn es darum geht, Menschen zu verstehen.

Erstens können Sie ein tieferes Verständnis dafür entwickeln, warum sie so sind, wie sie sind, und das führt unweigerlich zu verstärkten Gefühlen des Mitgefühls. Wenn Sie wissen, dass der Tyrann in der Schule in der Kindheit gelernt hat, alle seine eigenen Gefühle von Minderwertigkeit, Schwäche und Angst bewusst zu unterdrücken, können Sie sein Verhalten mit einem gewissen Maß an Verständnis betrachten. Sie sind in der Lage, sich jenseits einer oberflächlichen Ebene auf ihn einzulassen - Sie haben es mit ihm in seiner Gesamtheit zu tun und nicht nur mit dem sorgfältig kuratierten bewussten Selbst, das er an der Oberfläche darstellt.

Zweitens erlauben Sie sich durch die Anwendung des Schattenmodells, viel effektiver auf Menschen zuzugehen und mit ihnen zu kommunizieren. Obwohl jeder von uns ein gespaltenes Wesen ist, gibt es dennoch einen Impuls zur Ganzheit und Authentizität. Wenn Sie direkt zu diesen uneingestandenen Teilen der Psyche einer Person sprechen können, sind Sie in der Lage, tiefer zu kommunizieren.

Zum Beispiel kann eine arrogante, narzisstische Person einen Schatten haben, der mit Selbsthass gefüllt ist. In diesem Schatten ist alles, was sie an sich selbst so wenig ertragen kann, dass sie leugnet, dass es überhaupt ein Teil von ihr ist. Die übliche Reaktion auf narzisstische Menschen ist, sie niederreißen zu wollen, sie auszulachen oder sich gegen ihre Ansprüche auf Grandiosität zu wehren. Aber das stärkt nur die Schamgefühle, die die Spaltung überhaupt erst verursacht haben. Wenn Sie die Grandiosität einer Person im Wesentlichen als eine Verteidigung sehen können, können Sie Ihre Kommunikation entsprechend anpassen.

Zugegeben, Sie können jemand anderen nicht dazu bringen, Teile seines eigenen Schattens anzuerkennen, nur weil Sie denken, dass er das tun sollte, aber es kann Ihnen sicherlich einen Einblick geben, wie Sie in Zukunft mit ihm umgehen können. Eine letzte Möglichkeit, diese Theorie zu nutzen, um andere zu verstehen, ist zu sehen, wie der Schatten nach außen projiziert wird.

Der Schatten ist gefüllt mit schmerzhaften, unangenehmen Gefühlen. Wir lindern diesen Schmerz und das Unbehagen, indem wir die Gefühle ignorieren oder verleugnen, und was gibt es für eine bessere Möglichkeit, sie zu verleugnen, als zu behaupten, sie gehörten zu jemand ganz anderem? Schattenprojektion ist, wenn eine Person unbewusst ihre eigenen Schatteneigenschaften einer anderen Person zuschreibt. Zum Beispiel kann jemand, der sich intellektuell minderwertig fühlt, sich dabei ertappen, wie er jeden und alles „dumm" nennt oder hochmütig die Bemühungen anderer kritisiert.

Auch wenn sie sich oberflächlich betrachtet als Intellektuelle bezeichnet haben, können Sie erkennen, was wirklich vor sich geht: Die Maske der Klugheit ist dazu da, die wahren Minderwertigkeitsgefühle zu schützen. Wenn Sie zufällig von einer solchen Person als dumm bezeichnet werden, wissen Sie, dass es nichts mit Ihnen sondern nur mit dieser Person selbst zu tun hat.

Sie könnten dieses Verständnis nutzen, um sehr überzeugend oder sogar manipulativ zu sein - zum Beispiel, indem Sie die Intelligenz der Person loben, wenn Sie ihr schmeicheln wollen.

Sie könnten Ihre Einsicht auch nutzen, um tiefes, mitfühlendes Verständnis zu erzeugen. Sie könnten zum Beispiel versuchen, dieser Person mitzuteilen, dass es keine Schande ist, „dumm" zu sein, und dass Sie sie akzeptieren und lieben, ob sie intelligent ist oder nicht. Das hilft bei der Integration des Schattens - wenn das verdrängte Material nicht mehr als beschämend und unangenehm empfunden wird, gibt es keinen Grund mehr, es wegzuschieben. Es ist, als würde man den Druck auf den Strandball lockern und ihm erlauben, sanft an die Oberfläche zu schwimmen.

Das soll nicht heißen, dass wir jedes Mal in den intensiven Psychotherapeuten-Modus gehen müssen, wenn wir jemand Neues treffen. Die Integration des Schattens ist eine langwierige, schwierige Arbeit, die wir nicht für jemand anderen tun können. Das

Beste, was wir für uns selbst tun können, ist, hart an unserem *eigenen* Schatten zu arbeiten, während wir ihn nutzen, uns dabei zu helfen, die Funktionsweise des Schattens anderer Menschen anzuerkennen und zu verstehen.

Sie fangen vielleicht sogar an, Ihre eigene Kultur ein wenig anders zu betrachten - Gruppen können ihren eigenen kollektiven Schatten haben. Was sind die Dinge, die Ihre Familie, Ihre Gemeinschaft oder sogar Ihre Nation sich weigern, als Gruppe über sich selbst anzuerkennen? Und wie hilft Ihnen das, ihr daraus resultierendes Verhalten ein wenig besser zu verstehen?

Im jungschen Sinne ist die hilfreichste und heilsamste Haltung, die man einnehmen kann, wenn es um den Schatten geht, eine Haltung der Liebe und Akzeptanz. Seien Sie neugierig, aber seien Sie freundlich. Ihr Ziel bei der Identifizierung des (möglichen) Schattens von jemandem ist nicht, ihn zu überrumpeln, ihm eins auszuwischen oder einen Knopf zu finden, den Sie zu Ihrem eigenen Vorteil drücken können.

Stattdessen geht es darum, *Ganzheiten* in einer Welt *zu sehen*, die oft gespalten, gebrochen, geteilt und unbewusst ist. Wenn Sie den Schatten in jemand anderem in Betrieb sehen können, ist das auch eine Einladung, ehrlich in uns selbst zu schauen.

Sobald wir die Scham, die Angst, den Zweifel und die Wut eines anderen Menschen mit Akzeptanz und Verständnis betrachten können, können wir das Gleiche für uns selbst tun. Wir werden nicht nur klügere Schüler der menschlichen Natur, sondern auch einfühlsamere und emotional intelligentere Freunde, Partner oder Eltern.

Tatsächlich sind die Dinge, die wir alle in unseren jeweiligen Schatten schieben, oft gar nicht so unterschiedlich. *Keiner von uns* will zugeben, dass wir uns manchmal klein und schwach, nicht liebenswert, verwirrt, faul, egoistisch, lüstern, eifersüchtig, gemein oder feige fühlen. Eine gute Möglichkeit, Ihren *und* den Schatten der anderen Person zu betrachten, ist zu beobachten, welche Gefühle ihr Verhalten in Ihnen auslöst.

Sie könnten zum Beispiel ein Gespräch mit dem angeberischen Intellektuellen aus dem vorherigen Beispiel führen. Sie teilen eine Idee mit, über die er lacht und die er schnell als „dumm" abtut. Was ist Ihre Reaktion? Wenn Sie wie die meisten Menschen sind, beben Sie vielleicht vor Wut, Verlegenheit oder Scham und haben plötzlich das Bedürfnis, sich zu verteidigen. Vielleicht erwidern Sie etwas, von dem Sie denken, dass es besonders intelligent klingt, um ihm das Gegenteil zu beweisen ... oder Sie lachen einfach zurück und beleidigen ihn direkt.

Was passiert ist, ist, dass sein Schatten Ihren ausgelöst hat. Um diese Reaktion zu haben, war irgendwo in Ihnen das unerwünschte Gefühl, dumm und minderwertig zu sein. Wenn Sie die Geistesgegenwart haben, in einer solchen Interaktion bewusst zu bleiben, könnten Sie jedoch innehalten und Ihre eigene Reaktion bemerken und neugierig darauf werden. Diese Person hat Ihnen, indem sie Sie auf diese Weise beleidigt hat, etwas sehr Wichtiges über sich selbst erzählt, wenn Sie wissen, wie Sie zuhören können.

Sehr kluge und aufmerksame Menschen wissen, dass das, womit eine Person Sie beleidigt, oft nichts anderes ist als das Etikett, das sie sich selbst nicht eingestehen kann. Wenn Sie das erkennen, können Sie in einem solchen Gespräch einen kühlen Kopf bewahren. Wenn nicht, verstricken Sie sich vielleicht in eine gegenseitige Ego-Verteidigung - d.h. in einen Streit - mit der Person und nehmen unwissentlich deren Einladung an, ein bestimmtes Schattenspiel mit ihr zu spielen.

Der Schatten drückt sich in den Motivationen der Menschen aus. Der Mann mittleren Alters in der stereotypen Geschichte hat seinen Kummer über den Verlust seiner Jugend und seiner sexuellen Vitalität aus dem Bewusstsein verdrängt. Aber er ist da draußen für alle in Form seines sexy neuen Sportwagens zu sehen. Wenn Sie das nächste Mal jemanden treffen, gehen Sie schnell die folgenden Fragen durch, damit Sie ihn auf einer tieferen Ebene sehen können:

- Was stellt diese Person gerade aktiv und bewusst für mich dar?
- Was könnte diese Person nicht bereit sein, über sich selbst anzuerkennen?

- Wie könnte dieser uneingestandene Teil von ihr selbst unbewusst das Verhalten steuern, das ich an der Oberfläche sehe?
- Wie fühle *ich* mich im Moment bei dieser Person? Habe ich das Gefühl, dass sie auf mich projiziert oder meinen eigenen Schatten auslöst?
- Wie kann ich Mitgefühl und Verständnis für das, was in ihrem Schatten liegt, gerade jetzt vermitteln?

Wenn Sie mit jemandem sprechen, hilft Ihnen das Schattenmodell, *alle Teile* anzusprechen, auch die, die sie nicht zeigen. Es ist eine Möglichkeit, „zwischen den Zeilen zu lesen", wenn es um Menschen geht!

Unser inneres Kind lebt noch

Eine andere verwandte Art, auf die tieferen Motivationen von Menschen zu schauen, ist, ihr „inneres Kind" zu erkennen und anzuerkennen. Wir können das innere Kind als jenen unbewussten Teil von uns selbst verstehen, der die kleinen Kinder repräsentiert, die wir einmal waren.

Schließlich lernen wir normalerweise in der Kindheit, welche Teile von uns akzeptabel sind und welche nicht, und daher ist es die Zeit, in der wir beginnen, unseren Schatten aufzubauen und unsere bewusste Persönlichkeit zu formen. Die „Arbeit am inneren Kind" klingt ein wenig abwegig, aber sie unterscheidet sich eigentlich nicht so sehr von der sanften Anerkennung und Umarmung des Schattenaspekts.

Wenn Sie alleine oder mit einem Therapeuten an Ihrem inneren Kind arbeiten würden, könnten Sie einen spielerischen Dialog mit Ihrem inneren Kind führen, ein Tagebuch schreiben, zeichnen und malen und sich in die Haltung eines mitfühlenden Erwachsenen versetzen, der dann die jüngere Version von sich selbst „bemuttert" und sich selbst alles gibt, was Sie damals brauchten, aber nicht bekommen haben.

Wie können wir die Theorie des inneren Kindes nutzen, um besser darin zu werden, Menschen zu lesen? Auf die gleiche Weise, wie wir lernen können, zu erkennen, wann jemand aus seinem Schatten heraus agiert, können wir sehen, ob jemand besonders von seinem inneren Kind motiviert ist. Wenn Sie einen Streit mit einem Partner haben und er wütend und defensiv ist, können Sie sein Verhalten plötzlich viel klarer sehen, wenn Sie es als ein verängstigtes Kind verstehen, das im Wesentlichen einen Wutanfall hat.

Wahrscheinlich haben Sie sich schon das eine oder andere Mal so gefühlt, als hätten Sie es mit einem Kind zu tun, das einfach zufällig die Gestalt eines Erwachsenen angenommen hat. Wenn Sie bemerken, dass sich jemand plötzlich mit scheinbar unangemessenen Emotionen verhält, sollten Sie aufmerksam sein. Sich plötzlich wütend, verletzt, defensiv oder beleidigt zu fühlen, könnte ein Hinweis darauf sein, dass irgendein Nerv berührt wurde. Das Unbewusste - ob das nun der Schatten oder das innere Kind oder beides ist - ist irgendwie aktiviert worden.

Ein guter Hinweis darauf, dass Sie es mit jemandem zu tun haben, der ganz mit seinem kindlichen Selbst identifiziert ist, ist, dass Sie sich als „Elternteil" positioniert fühlen. Wenn wir erwachsen sind, wird von uns erwartet, dass wir Verantwortung übernehmen, Selbstbeherrschung zeigen und uns mit Vernunft und Respekt gegenüber anderen verhalten. Aber eine Person, die sich im Kind-Modus befindet, ist (psychologisch gesehen) ein Kind, was Sie dazu drängt, wie ein Elternteil zu reagieren, d.h. mit Beruhigen, Tadeln oder auch die Verantwortung für sie zu übernehmen.

Nehmen wir an, Sie werden gebeten, mit einer neuen Person in Ihrem Job zusammenzuarbeiten. Diese Person schwänzt die Besprechungen mit Ihnen und beteiligt sich dann nicht an der Arbeit, so dass Sie den Schlamassel ausbaden müssen. Wenn Sie sie damit konfrontieren, zieht sie einen Flunsch, leugnet es und schmollt. Sie erkennen, dass diese Person ganz mit ihrem inneren Kind identifiziert ist - das zufällig ein freches und rebellisches Kind ist. Da Sie das wissen, sehen Sie davon ab, in den Elternmodus zu gehen. Sie übernehmen nicht die Verantwortung, sie zu züchtigen und zu versuchen, einen Weg zu finden, sie zu bestechen, damit sie ihre Arbeit macht.

Vielleicht hat diese Person schon früh im Leben gelernt, dass dies die Art und Weise war, auf Autorität, Verantwortung oder Dinge zu reagieren, die man eigentlich nicht tun wollte. Indem Sie sich jedoch bewusst auf den erwachsenen Aspekt Ihres Kollegen einlassen, ändern Sie die Dynamik. Sie machen es für sie unmöglich, im Kindermodus zu bleiben. Was ein schlimmerer Konflikt hätte werden können, löst sich schließlich auf.

Es ist eine subtile, aber kraftvolle Veränderung - wir schauen nicht nur auf das Verhalten vor uns, sondern auch darauf, *woher das Verhalten kommt und warum*. Es stimmt, dass wir dadurch vielleicht keine zusätzlichen Wahlmöglichkeiten eröffnen, aber wir bereichern immer unser Verständnis der Situation, was an sich wertvoll ist.

Einer der bleibenden Beiträge der Psychologie zum populären Denken ist die Idee, dass wir Situationen und Ereignisse nicht nur im Hinblick auf ihre praktischen

Eigenschaften interpretieren können, sondern auch im Hinblick auf die beteiligten Menschen und ihre menschlichen Bedürfnisse und Motivationen. Wir werden uns diese Theorie im folgenden Abschnitt genauer ansehen.

Der Motivationsfaktor - Vergnügen oder Schmerz

Wenn Sie sich in eine Person hineinzoomen und ihre wahren Beweggründe wirklich erfassen können, können Sie sie viel besser verstehen, vielleicht sogar bis zu dem Punkt, an dem Sie vorhersagen können, wie sie in der Zukunft handeln könnte. Die Anwendung dieses psychologischen Ansatzes gibt Ihnen die Möglichkeit, sich in die Perspektive anderer Menschen hineinzuversetzen und sich Klarheit darüber zu verschaffen, was genau sie *davon haben*, so zu denken und sich zu verhalten, wie sie es tun. Mit diesem Wissen werden Ihre Interaktionen mit Menschen sofort bereichert.

Auch hier gibt es eine enge Verflechtung von Emotionen mit Werten, weil sie oft die gleichen Ziele verfolgen. Es ist nur eine andere Perspektive darauf, warum jemand so handelt, wie er es tut, und was wir daraus über ihn verstehen können.

Von all den Spekulationen über die Quellen der Motivation ist keine berühmter als das *Lustprinzip*. Es ist deshalb so berühmt, weil es auch das am leichtesten zu verstehende ist. Das Lustprinzip wurde erstmals durch den Vater der Psychoanalyse, Sigmund Freud, ins öffentliche Bewusstsein gerückt, obwohl Forscher schon bei Aristoteles im alten Griechenland feststellten, wie leicht wir durch Lust und Schmerz manipuliert und motiviert werden können.

Das Lustprinzip besagt, dass der menschliche Geist alles tut, was er kann, um Lust zu suchen und Schmerz zu vermeiden. Einfacher geht's nicht. In dieser Einfachheit finden wir einige der universellsten und vorhersehbarsten Motivatoren des Lebens.

Das Lustprinzip wird von unserem Reptiliengehirn eingesetzt, das sozusagen unsere natürlichen Triebe und Begierden beherbergt. Es kennt keinen Sinn für Zurückhaltung. Es ist urwüchsig und ungefiltert. Es sucht nach allem, was es kann, um die Triebe unseres Körpers nach Glück und Erfüllung zu befriedigen. Alles, was Vergnügen bereitet, wird vom Gehirn auf die gleiche Weise empfunden, egal ob es sich um eine leckere Mahlzeit oder eine Droge handelt. Ein passender Vergleich ist ein Drogenabhängiger, der vor nichts zurückschreckt, um wieder die Befriedigung von Rauschmitteln zu spüren.

Es gibt ein paar Regeln, die das Lustprinzip regeln, die uns auch ziemlich berechenbar machen.

Jede Entscheidung, die wir treffen, basiert auf dem Gewinn von Lust oder der Vermeidung von Schmerz. Dies ist die gemeinsame Motivation für jeden Menschen auf der Erde. Egal, was wir im Laufe des Tages tun, es läuft alles auf das Lustprinzip hinaus. Sie plündern den Kühlschrank nach Snacks, weil Sie sich nach dem Geschmack und dem Gefühl eines bestimmten Lebensmittels sehnen. Sie lassen sich die Haare schneiden, weil Sie denken, dass Sie dadurch für andere attraktiver werden, was Sie glücklich macht, was wiederum Lust bedeutet.

Umgekehrt tragen Sie eine Schutzmaske, wenn Sie eine Lötlampe benutzen, weil Sie vermeiden wollen, dass Ihnen Funken ins Gesicht und in die Augen fliegen, denn das wird schmerzhaft sein. Wenn Sie alle unsere Entscheidungen zurückverfolgen, egal ob kurz- oder langfristig, werden Sie feststellen, dass sie alle auf eine kleine Gruppe von Lust oder Schmerz zurückzuführen sind.

Menschen arbeiten härter, um Schmerz zu vermeiden, als um Lust zu bekommen. Während jeder so viel Lust will, wie er bekommen kann, ist die Motivation, Schmerz zu vermeiden, eigentlich viel stärker. Der Instinkt, eine bedrohliche Situation zu überleben, ist unmittelbarer als z. B. das Essen des Lieblingsschokoriegels. Wenn man also mit der Aussicht auf Schmerz konfrontiert wird, wird das Gehirn härter arbeiten, als wenn es Zugang zu Lust haben möchte.

Stellen Sie sich zum Beispiel vor, Sie stehen mitten auf einer Wüstenstraße. Vor Ihnen steht eine Schatztruhe, gefüllt mit Geld und sündhaft teurem Schmuck, der Sie für den Rest Ihres Lebens finanziell versorgen könnte. Aber da ist auch ein außer Kontrolle geratener Sattelschlepper, der darauf zusteuert. Sie werden wahrscheinlich die Entscheidung treffen, von dem Lastwagen wegzuspringen, anstatt sich die Schatztruhe zu schnappen, weil Ihr Instinkt, Schmerz - in diesem Fall den sicheren Tod - zu vermeiden, größer ist als Ihr Wunsch, Lust zu gewinnen.

Wenn Sie den Tiefpunkt erreicht haben und mit massivem Schmerz oder Unmut konfrontiert sind, dann müssen Sie einfach anfangen zu handeln, um das in Zukunft zu vermeiden. Ein verwundetes Tier ist motivierter als eines, dem leicht unwohl ist.

Unsere Wahrnehmungen von Lust und Schmerz sind stärkere Treiber als die tatsächlichen Dinge. Wenn unser Gehirn beurteilt, was eine angenehme oder schmerzhafte Erfahrung sein wird, geht es von Szenarien aus, von denen wir *denken,* dass sie eintreten könnten, wenn wir eine bestimmte Handlung ausführen. Mit anderen Worten, unsere *Wahrnehmung* von Lust und Schmerz ist das, was den Wagen wirklich antreibt. Und manchmal kann diese Wahrnehmung fehlerhaft sein. Tatsächlich ist sie meistens fehlerhaft, was unsere Tendenz erklärt, gegen unsere eigenen besten Interessen zu arbeiten.

Ich kann mir kein besseres Beispiel für diese Regel vorstellen als Jalapeño Chapulines. Sie sind ein würziger, traditioneller mexikanischer Snack, der lecker und arm an Kohlenhydraten ist. Übrigens, „Chapulines" bedeutet „Grashüpfer". Wir reden von Heuschrecken mit Chiligeschmack. Die Insekten.

Nun, Sie wissen vielleicht nicht aus erster Hand, wie Heuschrecken schmecken. Vielleicht haben Sie sie noch nie probiert. Aber der *Gedanke*, Heuschrecken zu essen, lässt Sie vielleicht zögern. Sie stellen sich vor, dass sie abstoßend auf der Zunge sind. Sie stellen sich vor, wenn Sie in einen Grashüpfer beißen, dass Sie sich ekeln. Sie könnten versehentlich auf ein inneres

Organ der Heuschrecke beißen. Die *Vorstellung*, eine Heuschrecke zu essen, treibt Sie schnell von dem Akt des Essens einer Heuschrecke weg.

Aber die Tatsache bleibt, dass *Sie es noch nicht wirklich probiert haben*. Sie gehen von Ihrer *Vorstellung* des Ekels aus, den das Essen eines Grashüpfers hervorruft. Jemand, der das Heuschrecken-Gericht tatsächlich probiert hat, wird Ihnen vielleicht versichern, dass sie wirklich *gut* sind, wenn sie richtig zubereitet werden. Trotzdem werden Sie vielleicht nicht in der Lage sein, Ihre angeborene Vorstellung davon zu überwinden, wie es wäre, ein Insekt zu essen.

Lust und Schmerz werden durch die Zeit verändert. Im Allgemeinen konzentrieren wir uns auf das Hier und Jetzt: Was kann ich sehr bald bekommen, das mir Glück bringt? Was steht außerdem sehr bald an, das intensiv schmerzhaft sein könnte und das ich vermeiden muss? Wenn wir über die Erlangung von Komfort nachdenken, sind wir mehr auf das eingestellt, was sofort passieren könnte. Die Lust und der

Schmerz, die in Monaten oder Jahren auftreten könnten, werden von uns nicht wirklich wahrgenommen - was am wichtigsten ist, ist das, was direkt vor unserer Haustür liegt. Natürlich ist dies eine weitere Art und Weise, in der unsere Wahrnehmung fehlerhaft ist und warum wir zum Beispiel so häufig prokrastinieren.

Angenommen, ein Raucher braucht eine Zigarette. Es ist der Hauptfokus ihrer aktuellen Situation. Sie bringt ihnen eine gewisse Erleichterung oder Freude. Und in einer Viertelstunde haben sie Pause, damit sie diese Zigarette genießen können. Es ist der Fokus ihres täglichen Rituals. Sie *denken nicht daran*, dass das Rauchen einer Zigarette jedes Mal, wenn sie eine „brauchen", später schmerzhafte gesundheitliche Probleme verursachen könnte. Das ist eine weit entfernte Realität, die sie überhaupt nicht antreibt. In diesem Moment brauchen sie eine Zigarette, weil sie sich danach sehnen, und sie könnten sofort Kopfschmerzen bekommen, wenn sie keine bekommen.

Emotion schlägt Logik. Wenn es um das Lustprinzip geht, neigen Ihre Gefühle dazu, das rationale Denken zu überschatten. Sie wissen vielleicht, dass etwas zu tun gut oder schlecht für Sie sein wird. Sie werden alle Gründe verstehen, warum es gut oder schlecht sein wird. Sie werden das alles verstehen. Aber wenn Ihr unlogisches Es so versessen darauf ist, ein bestimmtes Verlangen zu befriedigen, dann wird es wahrscheinlich die Oberhand gewinnen. Und wenn Ihr Es Sie dazu treibt, zu denken, dass etwas Nützliches zu viel Stress oder vorübergehende Unzufriedenheit verursachen würde, dann wird es auch dort gewinnen.

Um auf unsere Raucher zurückzukommen: Sie wissen zweifellos, warum Zigaretten schlecht für die Gesundheit sind. Sie haben die Warnhinweise auf den Packungen gelesen. Vielleicht haben sie in der Schule ein Bild von einer verätzten Lunge gesehen, die durch jahrelanges Rauchen entstanden ist. Sie *kennen* all die Risiken, die sie umwerben. Aber da ist diese Packung direkt vor ihnen. Und trotz aller Vernunft werden sie zu dieser Zigarette greifen. Ihre auf

Genuss ausgerichteten Emotionen gewinnen die Oberhand.

Das Überleben hat Vorrang vor allem anderen. Wenn unser Überlebensinstinkt aktiviert wird, schaltet sich alles andere in unserer psychologischen und emotionalen Verfassung ab. Wenn eine lebensbedrohliche Situation (oder eine *wahrgenommene* lebensbedrohliche Situation) in unserem Dasein auftritt, schaltet das Gehirn alles andere ab und macht uns zu einer Maschine, deren Gedanken und Handlungen alle auf den Willen zum Überleben ausgerichtet sind.

Das sollte nicht überraschen, wenn es darum geht, schmerzhafte Folgen zu vermeiden. *Natürlich* werden Sie versuchen, vor dem entgegenkommenden Sattelschlepper wegzuspringen; wenn Sie das nicht tun, werden Sie nicht überleben. Ihr System wird Ihnen diese Wahl nicht lassen - es wird alles tun, was es kann, um Sie aus dem Weg des LKWs zu bringen.

Das Überleben kann jedoch *auch* ins Spiel kommen, wenn wir nach Lust suchen -

selbst wenn wir dadurch in Gefahr geraten. Das offensichtlichste Beispiel dafür ist das Essen. Nehmen wir an, Sie sitzen in einer Bar und jemand bestellt einen riesigen Teller Nachos mit Käse, saurer Sahne, fettigem Fleisch und einer Menge anderer Dinge, die vielleicht nicht die beste Wahl für Ihre Ernährung sind. Sie können *vielleicht* widerstehen. Manche Menschen können das. Aber Sie vielleicht nicht. Tatsächlich könnten Sie sich dabei ertappen, wie Sie die Hälfte des Tellers essen, bevor Sie überhaupt wissen, was Sie getan haben.

Warum? Weil Sie Nahrung brauchen, um zu überleben. Und Ihr Gehirn sagt Ihnen, dass es in der Nähe Essen gibt, also sollten Sie es vielleicht essen. Es ist egal, dass es nicht die beste Art von Essen ist, ernährungstechnisch gesehen, für die Sie sich im Moment entscheiden könnten. Ihr Überlebensinstinkt sagt Ihnen, dass es Zeit ist, diese Nachos zu essen. Ihr Leben hängt davon ab.

Das Lustprinzip ist verwandt mit einer Idee, die aus der Ökonomie und dem Versuch stammt, Märkte und menschliches

Kaufverhalten vorherzusagen: die *Rational-Choice-Theorie*, verkörpert durch den scherzhaft genannten *Homo oeconomicus*. Diese besagt, dass alle unsere Entscheidungen ausschließlich dem Eigeninteresse und dem Wunsch entspringen, unserem Leben so viel Lust wie möglich zu bereiten. Das mag nicht immer zutreffen (sonst wären Markt- und Aktienkurse hundertprozentig vorhersehbar), aber es unterstützt die einfache Natur vieler unserer Motivationen.

Wenn Sie das nächste Mal jemand Neues kennenlernen oder versuchen, sich ein Bild von jemandem zu machen, ziehen Sie in Erwägung, seine Handlungen in Bezug auf die Motivation von Lust oder Schmerz zu betrachten. Fragen Sie sich, was sie durch ihr Verhalten an Gutem gewinnen oder was sie an Schlechtem vermeiden - oder beides.

Wenn Sie zum Beispiel einen müden Fünfjährigen haben, der sein Zimmer nicht aufräumen will, könnten Sie über Lust und Schmerz nachdenken und fragen, wie er Ihre Bitte wahrnimmt: wahrscheinlich als schmerzhaft! Wenn Sie erkennen, dass er sich einfach nur verhält, um Schmerzen zu vermeiden und seine eigene Lust zu maximieren, können Sie Ihre Aufforderung neu formulieren. Wenn Sie das Aufräumen in ein lustiges Spiel verwandeln können, oder wenn Sie das Aufräumen mit der Erwartung einer Belohnung verbinden können, haben Sie effektiv kommuniziert und das gewünschte Ergebnis erzielt.

Natürlich fragen Sie sich wahrscheinlich, ob diese Theorie immer zutrifft - die Antwort ist nein. Menschen sind in der Lage, Disziplin, Zurückhaltung und Selbstbeherrschung zu üben. Sie sind in der Lage, sich aufrichtig zu wünschen und Freude daran zu haben, Dinge zu tun, die sich erst in der Zukunft auszahlen oder nur anderen und nicht sich selbst helfen. Obwohl das Lust/Schmerz-Prinzip beim Hundetraining gut funktionieren mag, sehen Sie sich selbst wahrscheinlich als etwas komplexer an, was die Moral angeht.

Es gibt zum Beispiel unzählige Geschichten von Gefangenen in Konzentrationslagern während des Holocausts, die am Verhungern waren und sich dennoch entschieden, das wenige Essen, das sie hatten, mit den Menschen um sie herum zu teilen. Natürlich wird ein Mensch von viel mehr Dingen zum Handeln getrieben als nur von der Suche nach Lust oder der Vermeidung von Schmerz. Deshalb müssen wir, wenn wir lernen, Menschen zu lesen, so viele verschiedene Modelle und Theorien in Betracht ziehen - keine von ihnen ist für sich allein ausreichend.

Im folgenden Abschnitt werden wir uns eine andere bedürfnisbasierte Theorie ansehen, die uns helfen kann, besser zu verstehen, warum Menschen außerhalb der normalen Lust-/Schmerzdynamik handeln und warum.

Die Bedürfnispyramide

Maslows Hierarchie der Bedürfnisse ist eines der berühmtesten Modelle in der Geschichte der Psychologie. Es verwendet eine Pyramide, um zu zeigen, wie bestimmte menschliche „Bedürfnisse" - wie Nahrung, Schlaf und Wärme - vor den aufstrebenden Bedürfnissen wie Liebe, Leistung und Berufung befriedigt werden müssen. Maslows Pyramide kann als ein visuelles Beispiel dafür betrachtet werden, wie sich die Motivation ändert und erhöht, nachdem wir bekommen haben, was wir in jeder Phase unseres Lebens brauchen, was typischerweise damit übereinstimmt, wo wir uns in der Hierarchie selbst befinden.

Als der Psychologieprofessor Abraham Maslow in den 1940er Jahren aufkam, brachte seine Theorie alles auf eine revolutionäre Idee: Der Mensch ist das Produkt einer Reihe von menschlichen Grundbedürfnissen, deren Mangel die Hauptursache für die meisten psychologischen Probleme ist. Die Erfüllung dieser Bedürfnisse ist das, was uns täglich antreibt.

Die nun nach ihm benannte Hierarchie stellt die grundlegenden menschlichen Bedürfnisse und Wünsche dar und wie sie sich im Laufe des Lebens entwickeln. Sie funktioniert wie eine Leiter - wenn Sie nicht in der Lage sind, Ihre grundlegenderen menschlichen Bedürfnisse und Wünsche zu befriedigen, ist es extrem schwierig, ohne Stress und Unzufriedenheit im Leben voranzukommen. Das bedeutet, dass sich Ihre Motivationen ändern, je nachdem, wo Sie sich in der Hierarchie befinden.

Zur Veranschaulichung schauen wir uns an, wie sich unsere Bedürfnisse und die damit verbundenen Motivationen vom Säuglings- zum Erwachsenenalter verändern. Als Säuglinge verspüren wir kein Bedürfnis nach einer Karriere oder Lebenszufriedenheit. Wir müssen einfach nur ruhen, gefüttert werden und ein Dach über dem Kopf haben. Ernährung und Überleben sind unsere einzigen wirklichen Bedürfnisse und Wünsche (wie Ihnen Eltern von Neugeborenen sagen werden).

Wenn wir vom Säugling zum Teenager heranwachsen, bringt es keine Befriedigung, einfach nur am Leben und gesund zu bleiben. Wir sehnen uns nach zwischenmenschlichen Beziehungen und Freundschaften. Was uns antreibt, ist ein Gefühl der Zugehörigkeit und Gemeinschaft zu finden. Dann, wenn wir zu jungen Erwachsenen heranreifen, reicht es nicht mehr aus, einfach nur einen großen Freundeskreis zu haben, um uns zu befriedigen. Es fühlt sich tatsächlich leer an, ohne ein übergreifendes Gefühl von Sinn.

Wenn wir als junge Erwachsene das Glück haben, für uns und unsere Familien finanzielle Sicherheit und Stabilität bieten zu können, dann können sich unsere Wünsche und Bedürfnisse eher nach außen als nach innen richten. Das ist derselbe Grund, warum Menschen wie Warren Buffett und Bill Gates anfangen, sich an der Philanthropie zu beteiligen, um einen möglichst großen Einfluss auf die Welt zu nehmen.

Die Stufen der Maslow'schen Bedürfnishierarchie bestimmen genau, was Sie motiviert, je nachdem, wo Sie in der Hierarchie stehen.

Die erste Stufe ist die physiologische Erfüllung. Dies ist leicht im täglichen Leben eines Säuglings zu erkennen. Alles, was für sie wichtig ist, ist, dass ihre Grundbedürfnisse zum Überleben erfüllt werden (d.h. Nahrung, Wasser und Unterkunft). Ohne Sicherheit in diesen

Aspekten ist es schwierig, sich auf die Befriedigung in etwas anderem zu konzentrieren - es wäre sogar schädlich für sie, andere Formen der Befriedigung zu suchen. Dies ist also das Grundniveau der Erfüllung, das zuerst erreicht werden muss.

Die zweite Stufe ist die Sicherheit. Wenn jemand einen vollen Bauch, Kleidung und ein Dach über dem Kopf hat, muss er einen Weg finden, um sicherzustellen, dass diese Dinge auch weiterhin vorhanden sind. Sie müssen eine sichere Einkommensquelle oder Ressourcen haben, um die Gewissheit und Langlebigkeit ihrer Sicherheit zu erhöhen. Die ersten beiden Stufen sollen das allgemeine Überleben sichern. Leider schaffen es viele Menschen aufgrund unglücklicher Umstände nie aus diesen ersten beiden Stufen heraus, und man kann deutlich sehen, warum sie sich nicht um die Erfüllung ihres Potenzials kümmern.

Die dritte Stufe ist Liebe und Zugehörigkeit. Jetzt, wo Ihr Überleben gesichert ist, werden Sie feststellen, dass es relativ leer ist, ohne es mit Menschen zu teilen, die Ihnen wichtig sind. Der Mensch ist ein soziales Wesen, und Fallstudien haben gezeigt, dass ein Leben in Isolation buchstäblich zu Wahnsinn und geistiger Instabilität führt, egal wie gut genährt oder gesichert Sie sind. Dazu gehören Beziehungen zu Ihren Freunden und Ihrer Familie und genügend soziale Kontakte, damit Sie nicht das Gefühl haben, dass Sie in Ihrem sozialen Leben versagen.

Natürlich ist diese Stufe ein großer Knackpunkt für viele Menschen - sie sind nicht in der Lage, erfüllt zu sein oder sich auf höhere Wünsche zu konzentrieren, weil ihnen die Beziehungen fehlen, die einen gesunden Lebensstil schaffen. Ist es nicht einfach, sich jemanden vorzustellen, der auf einer niedrigen Stufe des Glücks feststeckt, weil er keine Freunde hat?

Die vierte Stufe ist das Selbstwertgefühl. Sie können Beziehungen haben, aber sind es gesunde Beziehungen, in denen Sie sich sicher und unterstützt fühlen?

In dieser Stufe geht es darum, wie Ihre Interaktionen mit anderen Ihre Beziehung zu sich selbst beeinflussen. Dies ist ein sehr interessanter Reifegrad in Bezug auf die

Bedürfnisse, weil er auf Selbstakzeptanz hinausläuft. Sie wissen, dass Sie ein gesundes Maß an Selbstwertgefühl haben, wenn Sie sich selbst akzeptieren können, auch wenn Sie von anderen missverstanden oder schlichtweg nicht gemocht werden. Um dieses Stadium zu erreichen und ein gesundes Maß an Selbstwertgefühl zu haben, müssen Sie bestimmte Leistungen erbracht oder sich den Respekt anderer verdient haben. Es besteht eine starke Wechselwirkung zwischen der Art und Weise, wie Sie mit anderen auskommen und anderen helfen, und dem, was Sie über sich selbst denken.

Die letzte Stufe ist die Selbstverwirklichung. Die höchste Stufe der Maslowschen Hierarchie ist die Selbstverwirklichung. Dies ist, wenn Sie in der Lage sind, für etwas Höheres als sich selbst und Ihre Bedürfnisse zu leben. Sie haben das Gefühl, dass Sie sich mit Prinzipien verbinden müssen, die von Ihnen verlangen, über das hinauszugehen, was bequem ist und was Ihnen Spaß macht. Dies ist die Ebene der Moral, der Kreativität, der

Spontaneität, des Fehlens von Vorurteilen und der Akzeptanz der Realität.

Die Selbstverwirklichung steht an der Spitze der Pyramide, weil dies das höchste (und letzte) Bedürfnis ist, das Menschen haben. Alle niedrigeren Ebenen müssen zuerst erfüllt werden, bevor eine Person diese letzte Ebene erreichen kann. Sie wissen, dass Sie mit jemandem arbeiten, der auf einer wirklich hohen Stufe arbeitet, wenn er sich nicht so sehr darauf konzentriert, was ihm wichtig ist, auf sein Selbstwertgefühl oder darauf, wie andere Menschen ihn wahrnehmen. Das ist die Stufe, auf der sich Menschen befinden, die sagen, dass sie ihre Berufung und ihren Lebenszweck finden wollen.

Maslows Theorie mag nicht alle unsere täglichen Wünsche genau beschreiben, aber sie liefert eine Bestandsaufnahme für die groben Züge dessen, was wir im Leben wollen. Wir können Menschen beobachten, um zu verstehen, in welcher Lebensphase sie sich befinden, was ihnen derzeit wichtig ist und was sie benötigen, um die nächste Stufe in der Hierarchie zu erreichen.

Betrachten Sie eine Beraterin, die in einem Frauenhaus arbeitet. Sie kann die Bedürfnispyramide nutzen, um zu entscheiden, wie sie auf die Frauen zugeht und mit ihnen kommuniziert, die dort Hilfe suchen. Sie weiß, dass eine Frau, wenn sie das erste Mal kommt, in erster Linie um ihre *körperliche* Sicherheit besorgt ist. Wenn sie vor häuslicher Gewalt flieht, versucht, Geld zu beschaffen, oder sich um das Wohlergehen ihrer Kinder sorgt, wird sie nicht in der Lage sein, sich hinzusetzen und mit der Beraterin ein kitschiges Arbeitsbuch über Selbstliebe durchzuarbeiten. Gleichzeitig hat eine Frau, die seit ein paar Monaten in der Notunterkunft ist, ihre körperlichen Bedürfnisse weitgehend befriedigt, ist aber vielleicht in der Stimmung, dass sie Gesellschaft und Zugehörigkeit braucht. Die Beraterin weiß, dass sie sich mit einer solchen Frau anfreunden und sie unterstützen muss.

Es wäre völlig sinnlos, zu versuchen, mit einer dieser Frauen über hochrangige Konzepte zu sprechen, wie z.B. mitfühlend dem Täter zu vergeben oder seiner

Geschichte einen Sinn zu geben. Andererseits hat eine Frau, die häuslichen Missbrauch überlebt hat und sich gut erholt, vielleicht Bedürfnisse, die in der Hierarchie weiter oben stehen, und wird mehr für sich selbst suchen. Eine gute Beraterin würde dieses Wissen nutzen, um die Art und Weise, wie sie mit jeder einzelnen spricht, zu gestalten und ihren Rat und ihre Unterstützung so zuzuschneiden, dass sie der tieferen Motivation der jeweiligen Frau entspricht. Eine solche Beraterin würde ohne Zweifel als eine Person beschrieben werden, die andere versteht.

Aber nehmen wir an, der Berater trifft eines Tages auf eine Frau, die von ihrem Partner grün und blau geschlagen wird, aber trotzdem leugnet, dass sie missbraucht wird, und einfach das Thema wechselt, wenn jemand es erwähnt. Was geht hier vor? Unser nächster Abschnitt befasst sich mit einer wichtigen Art und Weise, wie Menschen Lust suchen, Schmerz vermeiden und versuchen, ihre Bedürfnisse zu befriedigen - nämlich durch Abwehrmechanismen.

Verteidigung des Egos

Sich vor anderen zu schützen ist ein häufiger Grund für unser Verhalten, und wir sind aus vielen Gründen hoch motiviert, das Ego abzuschirmen. Der Instinkt des Egos, sich selbst zu schützen, kann realitätsverbiegend sein und zu massiver intellektueller Unehrlichkeit und Selbsttäuschung führen. Daher ist dies ein weiterer sehr vorhersehbarer Indikator, den wir zur Analyse des Verhaltens von Menschen verwenden können.

Jemand, der bei der Arbeit unterdurchschnittliche Leistungen erbringt, hat vielleicht das Bedürfnis, seine wahrgenommenen Fähigkeiten und sein Talent zu schützen, indem er die Verantwortung auf sich abwälzt: „Der Chef hat es schon immer auf mich abgesehen. Und wer hat mich ausgebildet? Er! Es ist alles seine Schuld, so oder so." Jemand, der stolpert und hinfällt, sich aber für anmutig hält, wird die Schuld auf die Tatsache schieben, dass es vor sechs Tagen geregnet hat, seine Schuhe keinen Halt haben und *wer hat den Stein überhaupt dort hingelegt?* Jemand, der es nicht in die Basketballmannschaft der Schule schafft, wird schimpfen, dass der Trainer ihn hasste, dass er diesen Spielstil nicht gewohnt war und dass er es *sowieso nicht* in die Mannschaft schaffen wollte.

So hört es sich an, wenn das Ego einschreitet, um sich selbst zu schützen. Es gibt so viele Rechtfertigungen und Ablenkungsmanöver, dass es schwierig ist, zu erkennen, was real ist und was nicht.

Das alles rührt von der universellen Wahrheit her, dass niemand gerne falsch liegt oder versagt. Es ist peinlich und bestätigt alle unsere schlimmsten Ängste über uns selbst. Anstatt einen Fehler als lehrreichen Moment oder Lektion zu akzeptieren, ist unser erster Instinkt, vor unserer Scham davonzulaufen und uns in die Ecke zu verkriechen. Das ist derselbe Grund, warum wir in einem Streit bis zum Tod beharren werden, selbst wenn wir wissen, dass wir hundertprozentig falsch liegen. Wenn das Ego eine physische

Manifestation hätte, wäre es groß, sensibel und schwer gepanzert (bis zu dem Punkt, an dem es in die Offensive geht) - im Wesentlichen ein riesiges Stachelschwein.

Wenn das Ego Gefahr wittert, hat es kein Interesse und keine Zeit, die Fakten zu prüfen. Stattdessen versucht es, das Unbehagen auf dem schnellstmöglichen Weg zu lindern. Und das bedeutet, dass man sich selbst belügt, um das Ego in Sicherheit zu wiegen.

Wir versuchen, die Wahrheit zu vertuschen, von ihr abzulenken oder eine alternative Version zu entwickeln, die die tatsächliche Wahrheit weniger verletzend erscheinen lässt. Und genau in diesem Moment wird die intellektuelle Unehrlichkeit geboren. Hält irgendeine dieser verworrenen Theorien einer genauen Prüfung stand? Wahrscheinlich nicht, aber das Problem ist, dass das Ego keine Anerkennung und Analyse dessen zulässt, was wirklich passiert ist. Es macht Sie blind.

Damit das klar ist: Das sind keine Lügen, die Sie sich ausdenken oder im Voraus aushecken. Sie haben nicht die *Absicht,* sich selbst zu belügen. Sie haben nicht einmal das *Gefühl, dass* es Lügen sind. Sie wissen vielleicht nicht einmal, dass Sie es tun, da diese Verteidigungsmechanismen unbewusst ablaufen können. Sie sind nicht explizit intellektuell unehrlich, weil Sie sich selbst etwas vormachen *wollen.* Vielmehr sind es automatische Strategien, die das ständig neurotische Ego in Gang setzt, weil es Angst hat, dumm oder falsch auszusehen. Unglücklicherweise ist das die schlimmste Zone, in der man sich befinden kann, denn es bedeutet, dass *man nicht weiß, was man nicht weiß.*

Mit der Zeit prägen diese ego-getriebenen Denkfehler Ihr gesamtes Glaubenssystem und liefern Ihnen rationalisierte Rechtfertigungen für fast alles. Sie schaffen es nie in eine Sportmannschaft, weil die Trainer Sie immer hassen, und Sie fallen immer wieder durch die Führerscheinprüfung, weil Ihre Hand-Augen-Koordination *einzigartig besonders* ist.

Diese Lügen werden zu Ihrer gesamten Realität, und Sie verlassen sich auf sie, um problematische Situationen zu überstehen oder Bemühungen, die Wahrheit zu finden, abzutun. Wir reden hier nicht nur von Ausreden, warum Sie kein Geigenvirtuose sind; diese Art des Denkens kann zu den Faktoren werden, die Ihre Entscheidungen, Ihr Denken und Ihre Bewertungen von allem und jedem bestimmen.

Wenn Sie also damit kämpfen, jemanden zu verstehen, der nicht in der Lage zu sein scheint, die Worte „Ich habe Unrecht" auszusprechen, wissen Sie jetzt genau, was in seinem Kopf vor sich geht. Er weiß es vielleicht nicht, aber zumindest sind Sie in der Lage, ihn tiefer zu analysieren.

Nehmen wir Fred. Fred war sein ganzes Leben lang ein glühender Fan eines Popstars. Er wuchs damit auf, dessen Musik zu hören und formte einen Großteil seiner Identität um seine Bewunderung für ihn herum. Wir reden hier von einer ganzen Schlafzimmerwand voller Poster und einem Kleiderschrank voller Outfit-Imitate dieses Stars.

Spät in seiner Karriere wurde dieser Popstar wegen eines schweren Verbrechens vor Gericht gestellt. Fred stand unerschütterlich zu seinem Popstar-Idol, selbst als reißerische Details dessen Falles von Gerichtsreportern an die Presse weitergegeben wurden. „Niemand, den ich so bewundere, würde sich jemals dieser Sache schuldig machen", sagte Fred. „Das ist alles nur eine Verschwörung, die von Leuten angezettelt wurde, die ihm das aus welchen Gründen auch immer Schlechtes wollen."

Der Popstar wurde schließlich für schuldig befunden und zu einer mehrjährigen Haftstrafe verurteilt. Fred hatte sich vor dem Gerichtsgebäude gezeigt und ein Schild getragen, das die Unschuld seines Stars beteuerte. Selbst als schließlich zwingende Beweise an die Presse weitergegeben wurden, behauptete Fred, dass der Popstar absolut unschuldig sei und wies alle Ansprüche der Opfer zurück, indem er protestierte, dass sie „eifersüchtig" seien und „nur versuchen, selbst ins Rampenlicht zu kommen."

Warum würde Fred entgegen aller Vernunft und Beweise weiterhin darauf bestehen, dass sein Idol unschuldig sei? Weil sein Ego so sehr in seine Verehrung des Popstars verwickelt war, dass es prädisponiert war, ihn für unschuldig zu halten. Die Wahrheit zu glauben, hätte für ihn einen verheerenden Schlag für fast alles bedeutet, woran er glaubte (*ich verehre einen Kriminellen? Was sagt das über mich aus?*), und das Ego wollte das nicht eine Minute lang zulassen - selbst wenn es bedeutete, dass es eindeutige und unerschütterliche Beweise für die Schuld des Stars leugnen musste.

Bei Ihrem Streben nach Wahrheit und klarem Denken wird Ihr Ego sein hässliches Haupt erheben wie das wütende Stachelschwein. Es hat eine Reihe von taktischen Barrieren errichtet, um Sie davon abzuhalten, etwas zu lernen, das Ihr Glaubenssystem umstoßen könnte, und erst wenn Sie Ihr Ego zügeln können, sind Sie offen für das Lernen. Schließlich können Sie sich nicht gleichzeitig verteidigen und zuhören.

Verteidigungsmechanismen sind die spezifischen Methoden, mit denen wir unser Ego, unseren Stolz und unser Selbstwertgefühl schützen. Diese Methoden halten uns zusammen, wenn die Zeiten hart sind. Der Ursprung des Begriffs stammt von Sigmund Freud.

Diese sogenannten Abwehrmechanismen sind auch ein mächtiger Prädiktor für das Verhalten und geben Ihnen einen tiefen Einblick, warum Menschen tun, was sie tun. Verteidigungsmechanismen können viele verschiedene und bunte Formen annehmen, aber es gibt ein paar gemeinsame Muster, die Sie bei anderen (und hoffentlich auch bei sich selbst!) sehen werden. Diese psychologischen Schutzschilde tauchen auf, wenn das Ego etwas wahrnimmt, mit dem es nicht einverstanden ist, das es nicht ertragen kann oder von dem es sich wünscht, es wäre nicht wahr.

Verlust, Ablehnung, Ungewissheit, Unbehagen, Demütigung, Einsamkeit, Versagen, Panik ... all das lässt sich mit bestimmten mentalen Tricks abwehren. Diese Mechanismen sind dazu da, uns vor dem Erleben negativer Emotionen zu schützen. Sie funktionieren im Moment, aber auf lange Sicht sind sie ineffektiv, da sie uns der Möglichkeit berauben, uns den unvermeidlichen negativen Emotionen zu stellen, sie zu akzeptieren und zu verarbeiten, wenn sie auftauchen.

Wenn Sie jemanden dabei beobachten können, wie er einen Abwehrmechanismus einsetzt, können Sie natürlich sofort eine Menge über ihn und seine Welt ableiten, insbesondere über die Dinge, mit denen er sich nicht auseinandersetzen kann. Das wiederum sagt Ihnen viel darüber, wie sie sich selbst sehen, ihre Stärken und Schwächen und was sie schätzen. Schauen wir uns einige Abwehrmechanismen mit konkreten Beispielen an. Vielleicht erkennen Sie diese beiden Abwehrmechanismen, die von Freuds Tochter, Anna Freud, formuliert wurden: Verleugnung und Rationalisierung.

Verleugnung ist einer der klassischsten Verteidigungsmechanismen, weil er einfach zu benutzen ist. Nehmen wir an, Sie haben entdeckt, dass Sie in Ihrem Job schlechte

Leistungen erbringen. „Nein, ich glaube nicht an diesen Bericht, in dem alle Mitarbeiter bewertet werden. Es ist unmöglich, dass ich der Letzte sein kann. Nicht in dieser Welt. Der Computer hat die Punktzahlen falsch addiert."

Was wahr ist, wird einfach als falsch behauptet, als ob das alles aufheben würde. Sie tun so, als ob eine negative Tatsache nicht existiert. Manchmal merken wir nicht, wenn wir das tun, besonders in Situationen, die so schlimm sind, dass sie uns tatsächlich fantastisch erscheinen.

Sie müssen nur oft genug „Nein" sagen und Sie könnten anfangen, sich selbst zu glauben, und darin liegt der Reiz der Verleugnung. Sie verändern tatsächlich Ihre Realität, während andere Abwehrmechanismen sie lediglich so drehen, dass sie akzeptabler wird. Das ist eigentlich der gefährlichste Abwehrmechanismus, denn selbst wenn es ein gravierendes Problem gibt, wird es ignoriert und nie behoben. Wenn jemand weiterhin in dem Glauben verharrt, er sei ein hervorragender Fahrer, trotz einer Reihe von Unfällen im vergangenen Jahr, ist es unwahrscheinlich, dass er jemals versuchen würde, seine Fahrkünste zu verbessern.

Rationalisierung ist, wenn man etwas Negatives wegerklärt.

Es ist die Kunst, Ausreden zu finden. Das schlechte Verhalten oder die Tatsache bleibt bestehen, wird aber aufgrund von Umständen, die außerhalb Ihrer Kontrolle liegen, zu etwas Unvermeidbarem gemacht. Die Quintessenz ist, dass alles Negative nicht Ihre Schuld ist und Sie dafür nicht zur Rechenschaft gezogen werden sollten. Es ist niemals eine Verunglimpfung Ihrer Fähigkeiten. Es ist extrem bequem, und Sie sind nur durch Ihre Vorstellungskraft begrenzt.

In Anlehnung an das vorangegangene Beispiel einer schlechten Arbeitsleistung lässt sich dies leicht durch Folgendes erklären: Ihr Chef hasst Sie insgeheim, Ihre Kollegen verschwören sich gegen Sie, der

Computer ist gegen Ihre Soft Skills voreingenommen, der unvorhersehbare Verkehr beeinträchtigt Ihren Arbeitsweg und Sie haben zwei Jobs gleichzeitig. Diese fadenscheinigen Ausreden sind das, was Ihr Ego braucht, um sich zu schützen.

Rationalisierung ist die Verkörperung der *Fabel von den sauren Trauben.* Ein Fuchs wollte ein paar Trauben an der Spitze eines Busches erreichen, aber er konnte nicht hoch genug springen. Um sich über seine mangelnde Sprungkraft hinwegzutrösten und über die fehlenden Trauben hinwegzutrösten, redete er sich ein, die Trauben sähen sowieso sauer aus, also würde er nichts verpassen. Er war immer noch hungrig, aber er würde lieber hungrig sein, als sein Versagen zuzugeben.

Rationalisierung kann uns auch helfen, uns mit schlechten Entscheidungen, die wir getroffen haben, zu versöhnen, mit Sätzen wie: „Es wäre sowieso irgendwann passiert." Die Rationalisierung sorgt dafür, dass Sie sich nie mit Versagen, Ablehnung oder Negativität auseinandersetzen müssen. Es ist immer die Schuld von jemand anderem!

Das ist zwar tröstlich, aber wo bleiben Realität und Wahrheit inmitten all dieser Dinge? Aus dem Fenster, meistens. Intellektuelle Ehrlichkeit erfordert, dass Sie zuerst Ihre natürlichen Tendenzen zur Unehrlichkeit besiegen. Gedanken, die vom Selbstschutz diktiert werden, gehen nicht zusammen mit klaren, objektiven Gedanken.

Eng damit verbunden ist die **Verdrängung**. Während bei der Verleugnung die Realität verweigert oder geradezu abgelehnt wird, ist die Verdrängung der Fall, wenn eine Person den Gedanken oder das Gefühl so weit aus dem Bewusstsein verdrängt, dass sie es „vergisst". Es ist so, als hätte das bedrohliche Gefühl nie existiert. Ein Beispiel könnte ein Kind sein, das Missbrauch erlebt. Weil es so schmerzhaft ist und weil es keine Möglichkeit hatte, sich selbst zu helfen, schiebt es die Erinnerung vielleicht so weit weg, dass es sich nie damit auseinandersetzen muss.

Manchmal ist die überwältigende Emotion unwillkommen, aber was für das Ego wirklich inakzeptabel ist, ist, woher sie kommt. In einem solchen Fall kann die **Verdrängung** als Schutz vor unangenehmen Wahrheiten auftreten. Eine Frau arbeitet vielleicht in einem Job, den sie hasst, den sie aber realistischerweise nicht verlassen kann. Sie kann einfach nicht ausdrücken oder auch nur zugeben, dass sie ihren Job verabscheut, weil dies eine bedrohliche Aufmerksamkeit auf ihre finanzielle Lage lenkt. Was sie jedoch tun könnte, ist, diesen Groll zu nehmen und ihn anderswo abzuladen. Sie könnte jeden Tag nach Hause kommen und den Hund treten oder ihre Kinder anschreien, in der Überzeugung, dass sie es sind, die sie wütend machen. Es ist einfacher und weniger riskant, sich mit ihren Wutgefühlen auseinanderzusetzen, wenn sie auf ihre Haustiere oder Kinder gerichtet sind.

Projektion ist ein Abwehrmechanismus, der erheblichen Schaden und Chaos verursachen kann, wenn er nicht als das verstanden wird, was er ist. In diesem Fall legen wir unerwünschte und nicht eingeforderte Gefühle auf jemanden oder etwas anderes, anstatt zu sehen, dass sie ein Teil von uns selbst sind. Wir erkennen unsere eigene „dunkle Seite" nicht und projizieren sie auf andere, machen sie für unsere Unzulänglichkeiten verantwortlich oder sehen unsere Fehler in ihren Handlungen.

Ein Beispiel ist ein Mann, der seine Frau betrügt. Er findet sein eigenes Verhalten inakzeptabel, aber anstatt sich zu erlauben, seine eigenen Handlungen zu verurteilen, projiziert er diese Scham auf seine (verwirrte) Partnerin und ist plötzlich misstrauisch gegenüber ihrem Verhalten und beschuldigt *sie, ihm* etwas vorzuenthalten.

Das Beispiel eines unverhohlen homophoben Mannes, der sich später als schwul entpuppt, ist mittlerweile so häufig, dass es fast schon komisch ist. Dahinter könnte **Reaktionsbildung stecken**. Während die Verleugnung einfach sagt: „Das passiert nicht", geht die Reaktionsbildung einen Schritt weiter und behauptet: „Das passiert nicht nur nicht, sondern das genaue Gegenteil ist der Fall. Seht her!"

Eine Frau könnte sich vor ihrer neuen Krebsdiagnose fürchten und, anstatt sich ihre Angst einzugestehen, vor allen anderen eine Show ihres Mutes abziehen und anderen predigen, dass man den Tod nicht fürchten muss.

In Zeiten extremer emotionaler Belastung kann es vorkommen, dass Sie sich in eine einfachere Zeit **zurückversetzen** (z. B. in die Kindheit). Als Sie jung waren, war das Leben einfacher und weniger anspruchsvoll - um mit bedrohlichen Emotionen fertig zu werden, kehren viele von uns dorthin zurück und verhalten sich „kindisch", um damit fertig zu werden. Ein Mann steht vielleicht vor rechtlichen Problemen wegen falsch eingereichter Steuern. Anstatt sich der Situation zu stellen, gerät er in einen Schreikampf mit seinem Buchhalter, schlägt in einem „Wutanfall" mit den Fäusten auf den Tisch und schmollt dann, wenn man versucht, mit ihm zu reden.

Schließlich kommen wir zur **Sublimierung**. Genauso wie Projektion und Verdrängung die negativen Emotionen nehmen und sie an einen anderen Ort bringen, nimmt die Sublimierung diese Emotion und kanalisiert sie durch ein anderes, akzeptableres Ventil. Ein alleinstehender Mann findet vielleicht die Einsamkeit zu Hause unerträglich und kanalisiert dieses unbefriedigte Bedürfnis, indem er vier Abende in der Woche Wohltätigkeitsarbeit leistet. Eine Frau erhält vielleicht eine schlechte Nachricht, aber anstatt sich darüber aufzuregen, geht sie nach Hause und führt einen massiven Frühjahrsputz in ihrer Wohnung durch. Eine Person könnte routinemäßig Panik und Angst in eine Hingabe zum Gebet verwandeln, und so weiter.

Die Verteidigung des Egos ist eine üble Angewohnheit, aber sie ist leicht zu erkennen, wenn man um ihre heimtückische Präsenz weiß. Manchmal können wir nicht anders; wir sind alle Menschen. Aber wir können dies zu unserem Vorteil nutzen, indem wir es als klare Größe verwenden, mit der wir Menschen analysieren können.

Fazit

- Wir haben über die Analyse und Vorhersage von Verhalten gesprochen, das auf den Emotionen und Werten von Menschen basiert, aber was ist mit Motivation? Es stellt sich heraus, dass es ein paar prominente und ziemlich universelle Modelle der Motivation gibt, die Ihnen einen hilfreichen Rahmen geben können, um Menschen zu verstehen. Wenn Sie herausfinden können, wodurch Menschen motiviert sind, können Sie sehen, wie alles entweder direkt oder indirekt zu dieser Motivation zurückführt.
- Jede Diskussion über Motivation muss mit dem Lustprinzip beginnen, das im Allgemeinen besagt, dass wir uns in Richtung Lust bewegen und uns von Schmerz entfernen. Wenn Sie darüber nachdenken, ist dies in unserem täglichen Leben allgegenwärtig, sowohl im Kleinen als auch im Großen. Als solches macht es die Menschen tatsächlich berechenbarer und verständlicher. Was ist die Lust, die Menschen suchen, und was ist der

Schmerz, den sie vermeiden? Beides ist immer auf irgendeine Weise da.
- Als Nächstes kommen wir zur Bedürfnispyramide, auch bekannt als Abraham Maslows Hierarchie der Bedürfnisse. Sie besagt, dass wir alle an verschiedenen Punkten in unserem Leben nach verschiedenen Arten von Bedürfnissen suchen; wenn Sie beobachten können, auf welcher Ebene sich andere Menschen befinden, können Sie verstehen, wonach sie suchen und wodurch sie motiviert sind. Die Ebenen der Hierarchie sind folgende: physiologische Erfüllung, Sicherheit, Liebe und Zugehörigkeit, Selbstwertgefühl und Selbstverwirklichung. Natürlich funktioniert auch dieses Modell, wie auch das nächste, nach dem Lustprinzip.
- Schließlich kommen wir zur Verteidigung des Egos. Dies ist einer unserer stärksten Motivatoren, aber er ist meist unbewusst. Einfach ausgedrückt, handeln wir, um unser Ego vor allem zu schützen, was uns psychologisch *weniger gut* fühlen lassen

würde. Dabei ist es so mächtig, dass es uns erlaubt, die Realität zu verbiegen und uns selbst und andere zu belügen - alles außerhalb unserer bewussten Wahrnehmung.
Verteidigungsmechanismen sind die Art und Weise, wie wir Verantwortung und negative Gefühle vermeiden, und sie umfassen Verleugnung, Rationalisierung, Projektion, Sublimierung, Regression, Verdrängung, Repression und Reaktionsbildung, um nur einige zu nennen. Wenn Sie wissen, dass das Ego im Spiel ist, hat es oft Vorrang vor anderen Motivationen.

Kapitel 2. Der Körper, das Gesicht und die Cluster

Die Idee, dass Menschen nicht anders können, als ihre wahren Absichten und Gefühle auf die eine oder andere Weise zu offenbaren, ist verlockend. Menschen können *sagen*, was immer sie wollen, aber es war schon immer klar, dass „Handlungen mehr als tausend Worte sagen" und dass der Gesichtsausdruck oder die Körpersprache von Menschen ungewollt ihr tiefstes Selbst offenbaren können. Wir kommunizieren in der Tat die ganze Zeit, senden Informationen über unsere Absichten und Gefühle aus - aber nur ein kleiner Teil davon ist verbal.

Das Beobachten der Handlungen und des Verhaltens von Menschen in Echtzeit ist das, was wir am ehesten unter dem Analysieren von Menschen verstehen. Es mag natürlich erscheinen, auf die physischen Körper von Menschen im Raum zu schauen, um zu erahnen, was in ihren Köpfen vorgeht, und es gibt viele wissenschaftliche Beweise, die diese Behauptungen unterstützen. Die körperliche Erscheinung kann Ihnen viel über die Gefühle, Motivationen und Ängste einer Person verraten, selbst wenn diese aktiv versucht, diese zu verbergen. Mit anderen Worten: Der Körper lügt nicht!

Nichtsdestotrotz ist diese Herangehensweise, um die Motivationen von Menschen zu verstehen, nicht narrensicher. Wenn wir mit anderen interagieren und versuchen zu verstehen, wie sie ticken, ist es wichtig, vorsichtig mit Annahmen zu sein. Wir sind alle Individuen, und der Kontext ist sehr wichtig. Obwohl wir verschiedene Methoden verwenden können, um Gesichtsausdrücke und Körpersprache zu lesen, lohnt es sich, daran zu denken, dass keine einzelne Information ausreicht, um irgendetwas zu „beweisen", und dass die Kunst, Menschen auf diese Weise zu lesen, darin besteht, eine ganzheitliche Sicht auf das gesamte Szenario zu nehmen, das sich vor Ihnen entfaltet.

Schauen Sie in mein Gesicht

Beginnen wir mit Haggard und Isaacs in den 1960er Jahren. Sie filmten die Gesichter von Paaren während der Therapie und bemerkten kleine Ausdrücke, die nur eingefangen werden konnten, wenn der Film verlangsamt wurde. Später erweiterte Paul Ekman seine eigene Theorie über *Mikromimik* und veröffentlichte ein Buch, *Ich weiss, dass du lügst: Was Gesichter verraten*.

Wir alle wissen, wie man *Makromimik* liest - *jene* Gesichtsbewegungen, die bis zu vier Sekunden dauern. Aber es gibt schnellere, flüchtigere Ausdrücke, die so schnell sind, dass sie von einem ungeschulten Auge leicht übersehen werden könnten. Laut Ekman sind Gesichtsausdrücke eigentlich physiologische Reaktionen. Diese

Ausdrücke treten auch dann auf, wenn man nicht in der Nähe von jemandem ist, der sie sehen könnte. Er fand heraus, dass Menschen in allen Kulturen ihre Emotionen mit Hilfe von Mikromimik auf sehr vorhersehbare Weise auf ihren Gesichtern darstellen - selbst dann, wenn sie versuchen, sie zu verbergen, oder selbst dann, wenn sie sich der Emotion nicht bewusst sind.

Seine Forschungen führten ihn zu der Überzeugung, dass die Mikromimik spontane, winzige Kontraktionen bestimmter Muskelgruppen darstellen, die vorhersehbar mit Emotionen in Verbindung stehen und bei allen Menschen gleich sind, unabhängig von Erziehung, Hintergrund oder kultureller Erwartung. Sie können sich innerhalb einer dreißigstel Sekunde abspielen. Sie zu erfassen und ihre Bedeutung zu verstehen, ist ein Weg, das bloß Gesagte zu durchdringen, um an die tiefere Wahrheit dessen zu gelangen, was Menschen fühlen und glauben. Die Mikromimik kann bis zu einem gewissen Grad erzwungen oder übertrieben sein, aber sie gelten als echter und schwer zu fälschen oder deuten auf verborgene oder schnell wechselnde Emotionen hin.

Innerhalb des Gehirns gibt es zwei neuronale Bahnen, die mit der Mimik in Verbindung stehen. Die erste ist die *Pyramidenbahn*, die für freiwillige Ausdrücke (d. h. die meisten Makromimik) verantwortlich ist, und die *extrapyramidale Bahn*, die für unfreiwillige emotionale Gesichtsausdrücke (d. h. Mikromimik) verantwortlich ist. Forscher haben herausgefunden, dass Personen, die intensive emotionale Situationen erleben, aber auch externen Druck, den Ausdruck dieser emotionalen Situation zu kontrollieren oder zu verstecken, Aktivität in diesen *beiden* Hirnbahnen zeigen. Dies deutet darauf hin, dass sie gegeneinander arbeiten, wobei die bewussteren und freiwilligen Ausdrücke die unwillkürlichen dominieren. Nichtsdestotrotz können einige winzige Ausdrücke der echten Emotion „durchsickern" - und die sind es, nach denen Sie suchen, wenn Sie versuchen, eine Person auf diese Weise zu lesen.

Wie genau lernt man also, diese Mimik zu lesen? Kann man wirklich die tiefsten Gefühle einer Person entschlüsseln, nur indem man ein Zucken der Nase oder ein Runzeln der Stirn betrachtet?

Nach Ekman gibt es sechs universelle menschliche Emotionen, die alle mit entsprechenden winzigen Gesichtsausdrücken einhergehen. Glücklichsein zeigt sich in hochgezogenen Wangen, wobei die Mundwinkel nach oben und hinten gezogen sind. Falten entstehen unter den Augen, zwischen Oberlippe und Nase und in den äußeren Augenwinkeln. Mit anderen Worten, die Bewegungen, die wir alle von einem gewöhnlichen Lächeln kennen, sind auch auf einer Mikroebene vorhanden.

Mikromimik, die auf Traurigkeit hindeutet, ist ebenfalls bekannt. Der äußere Augenwinkel sinkt nach unten, zusammen mit den Lippenwinkeln. Die Unterlippe kann sogar zittern. Die Augenbrauen können eine verräterische Dreiecksform bilden. Bei der Emotion des Ekels hebt sich die Oberlippe und kann von Falten darüber und Falten auf der Stirn begleitet werden. Die Augen können sich leicht verengen, während die Wangen angehoben werden.

Bei Wut senken sich die Augenbrauen und spannen sich an, oft in einem nach unten gerichteten Winkel. Die Augen sind ebenfalls angespannt, und die Lippen können zusammengepresst oder steif geöffnet sein. Die Augen sind starr und durchdringend. Angst hingegen bringt ähnliche Kontraktionen mit sich, allerdings nach oben. Ob offen oder geschlossen, der Mund ist angespannt, und sowohl die oberen als auch die unteren Augenlider sind angehoben. Schließlich zeigt sich Überraschung oder Schock in hochgezogenen Brauen - eher rund als dreieckig, wie bei Traurigkeit. Die oberen Augenlider heben sich und die unteren Augenlider ziehen sich nach unten und öffnen die Augen weit. Manchmal kann der Kiefer locker herabhängen.

Wie Sie sehen können, unterscheidet sich die Mikromimik nicht sehr von der Makromimik in den beteiligten Muskeln; der Hauptunterschied liegt in ihrer

Geschwindigkeit. Ekman wies jedoch nach, dass diese schnellen Blitze der Muskelkontraktion so schnell sind, dass Menschen sie übersehen: Neunundneunzig Prozent der Menschen waren nicht in der Lage, sie wahrzunehmen. Nichtsdestotrotz behauptet er auch, dass Menschen darauf trainiert werden können, auf Mikromimik zu achten und insbesondere zu lernen, Lügner zu erkennen, ein klassisches Beispiel dafür, dass man eine Sache sagt und eine andere fühlt.

Ekman behauptet, seine Technik innerhalb von zweiunddreißig Stunden lehren zu können, aber für diejenigen unter uns, die neugierig darauf sind, die Prinzipien in ihrem eigenen Leben anzuwenden, ist es einfach, damit zu beginnen. Achten Sie erstens auf Diskrepanzen zwischen dem, was gesagt wird, und dem, was tatsächlich durch die Mimik gezeigt wird. Zum Beispiel könnte Ihnen jemand verbal etwas bestätigen und Versprechungen machen, aber einen schnellen Ausdruck von Angst zeigen, der seine wahre Position verrät.

Weitere klassische Anzeichen dafür, dass Sie angelogen werden, sind das leichte Anheben der Schultern, während jemand vehement bestätigt, dass er die Wahrheit sagt. Das Kratzen an der Nase, das Bewegen des Kopfes zur Seite, das Vermeiden von Augenkontakt, Unsicherheit beim Sprechen und allgemeines Zappeln deuten ebenfalls darauf hin, dass die innere Realität einer Person nicht genau mit der äußeren übereinstimmt - d.h., dass sie lügen könnte.

Auch hier ist es erwähnenswert, dass dies keine narrensichere Methode ist und dass die Forschung meist keine starke Beziehung zwischen Körpersprache, Gesichtsausdruck und Arglosigkeit gefunden hat. Keine einzelne Geste allein zeigt irgendetwas an. Viele Psychologen haben inzwischen darauf hingewiesen, dass Unstimmigkeiten in der Mikromimik tatsächlich auf Unbehagen, Nervosität, Stress oder Anspannung hinweisen können, ohne dass eine Täuschung im Spiel ist.

Nichtsdestotrotz kann die Analyse der Mikromimik, wenn sie als Werkzeug zusammen mit anderen Werkzeugen und im Kontext verwendet wird, sehr wirkungsvoll sein. Zugegeben, Sie müssen die Person ziemlich intensiv anstarren und sie auf eine Weise beobachten, die für normale soziale Situationen unangenehm und zu offensichtlich ist. Außerdem müssen Sie tonnenweise irrelevante Daten aussortieren und entscheiden, welche Gesten als „Rauschen" oder bedeutungslose Eigenheiten gelten.

Es hat sich jedenfalls gezeigt, dass Menschen, denen das nötige Training fehlt, erstaunlich schlecht darin sind, Lügner zu erkennen - und das, obwohl sie das Gefühl haben, dass ihre Intuition über die Täuschung anderer zuverlässig ist. Das bedeutet, dass schon ein kleiner Zuwachs an Genauigkeit, den Sie durch das Verstehen und Umsetzen der Theorie der Mikromimik erreichen, den Unterschied ausmachen kann. Die Mikromimik mag klein sein, aber sie ist immer noch ein Datenpunkt.

All das Gerede von der Entlarvung von Lügnern mag diese Technik als ziemlich kämpferisch und hinterhältig erscheinen lassen, aber Ekman weist vorsichtig darauf hin, dass „Lügen" und „Täuschung", wie er es nennt, auch das Verbergen einer Emotion und nicht unbedingt eine böswillige Absicht bedeuten kann. Es hat sicherlich einen gewissen Reiz, Detektiv zu spielen und die geheimen Gefühle der Menschen aufzudecken, aber in Wirklichkeit ist die Entzifferung der Mikromimik ein bisschen wie CSI: Im Fernsehen sieht es immer ein bisschen beeindruckender aus, als es im wirklichen Leben ist. Außerdem ist das Ziel bei der Entwicklung der Fähigkeit der Analyse von Mikromimik nicht, unsere Freunde und Kollege zu „ertappen", sondern vielmehr unser eigenes Einfühlungsvermögen und unsere emotionale Intelligenz zu verbessern und ein reicheres Verständnis für die Menschen um uns herum zu entwickeln.

Wenn Sie nicht davon überzeugt sind, Mikromimik zur Erkennung von Täuschungen zu verwenden, besteht eine andere Perspektive darin, nicht nach Lügen zu suchen oder Ausdrücke nach ihrer Dauer zu klassifizieren, sondern vielmehr darauf zu achten, was ein Ausdruck typischerweise vermittelt. Dann können Sie je nach Kontext und dem Vergleich des Ausdrucks mit dem, was *verbal* gesagt wird, Ihre eigenen Schlussfolgerungen ziehen.

Nervosität steckt typischerweise hinter Dingen wie dem Anspannen der Lippen oder dem schnellen Zucken der Mundwinkel in Richtung Ohr und zurück. Zitternde Lippen oder Kinn, eine gerunzelte Stirn, zusammengekniffene Augen und eingezogene Lippen können ebenfalls darauf hinweisen, dass sich die Person angespannt fühlt. Wenn eine Person, die Sie kennen, normalerweise ruhig und gelassen ist, Sie aber plötzlich viele dieser kleinen Anzeichen bemerken, während sie Ihnen eine Geschichte erzählt, die Sie nicht so recht glauben wollen, könnten Sie daraus schließen, dass sie aus irgendeinem Grund nervös ist, wenn sie sie Ihnen erzählt. Ob dies daran liegt, dass er lügt oder dass es ihm einfach unangenehm ist, seine Geschichte zu erzählen, können nur Sie aus dem Kontext heraus entscheiden.

Eine Person, die Abneigung oder Uneinigkeit empfindet, könnte die Lippen fest aufeinanderpressen, die Augen rollen, kurz mit den Augenlidern flattern oder die Nase rümpfen. Sie kann auch ein wenig blinzeln oder ihre Augen verengen, wie ein Bösewicht in einem Zeichentrickfilm, der den Helden niederstarrt. Sie könnte ihre Augen schließen oder ein wenig „höhnisch" grinsen, als Ausdruck der Verachtung. Wenn eine Person das Weihnachtsgeschenk, das Sie ihr gegeben haben, öffnet und sofort alle oben genannten Handlungen vornimmt, sollten Sie annehmen, dass sie ihr Geschenk nicht wirklich mag, auch wenn sie das Gegenteil behauptet.

Diejenigen, die mit Stress zu kämpfen haben, können diesen durch winzige Bewegungen abbauen und sich dadurch verraten, auch wenn sie größtenteils recht ruhig erscheinen. Unkontrollierbares, schnelles Blinzeln und sich wiederholende Bewegungen wie Zucken der Wange, auf die Zunge beißen oder Teile des Gesichts mit den Fingern berühren können auf jemanden hinweisen, der eine bestimmte Situation als stressig empfindet. Dies kann logisch sein, wenn sich jemand in einem

Vorstellungsgespräch befindet oder im Zusammenhang mit einem Verbrechen befragt wird, aber es kann bedeutsam sein, wenn Sie es in scheinbar ruhigen Situationen feststellen. Diese Diskrepanz gibt Ihnen einen Hinweis darauf, dass vielleicht nicht alles so ist, wie es scheint.

Achten Sie auch auf Asymmetrie im Gesichtsausdruck. Natürliche, spontane und echte Gefühlsausdrücke sind in der Regel symmetrisch. Erzwungene, unechte oder widersprüchliche Ausdrücke sind in der Regel nicht symmetrisch. Und auch hier gilt: Versuchen Sie, das, was Sie sehen, im Kontext zu interpretieren, und betrachten Sie die ganze Person, einschließlich der anderen Körpersprache.

Denken Sie daran, dass die Analyse von Gesichtsausdrücken eine starke Methode ist, um andere zu verstehen, die mehr als nur „oberflächlich" ist, aber sie ist nicht narrensicher. Jede Beobachtung, die Sie machen, ist einfach nur ein Datenpunkt und beweist nichts, so oder so. Die Kunst besteht darin, so viele Daten wie möglich zu sammeln und das gesamte, sich abzeichnende Muster vor Ihnen zu interpretieren, anstatt nur ein oder zwei Zeichen. Aus diesem Grund ist es am besten, das, was Sie über Mikroausdrücke wissen, als Ergänzung zu anderen Methoden und Werkzeugen zu verwenden.

Körpersprache

Die Körpersprache zum Beispiel kann eine ebenso mächtige Sprache sein, die man lesen und verstehen lernen muss wie die Mimik. Schließlich ist das Gesicht nur ein Teil des Körpers. Warum sollte man sich nur auf einen Teil konzentrieren, wenn die Körperhaltung und die allgemeinen Bewegungen eines Menschen genauso viel aussagen können? Der ehemalige FBI-Agent Joe Navarro gilt allgemein als Autorität auf diesem Gebiet und hat seine Erfahrungen genutzt, um andere über die Fülle an Informationen zu unterrichten, die Menschen weitergeben, ohne jemals den

Mund zu öffnen (d.h. das, was er „nonverbale Kommunikation" nennt).

Navarro, der ursprünglich aus Kuba stammt und nach seinem Umzug in die USA im Alter von acht Jahren Englisch lernen musste, lernte schnell zu schätzen, dass der menschliche Körper „eine Art Plakatwand ist, die anzeigt, was eine Person denkt". Während seiner Karriere sprach er ausführlich darüber, wie man lernt, die „Verräter" von Menschen zu erkennen - diese kleinen Bewegungen, die darauf hindeuten, dass sich jemand unwohl fühlt, feindselig, entspannt oder ängstlich ist.

Wie bei der Mimik können diese Hinweise auf Betrug oder Lügen hindeuten, aber in erster Linie zeigen sie an, dass sich jemand unwohl fühlt oder dass es eine Diskrepanz zwischen dem, was er fühlt, und dem, was er ausdrückt, gibt. Wenn wir verstehen, wie Körpersprache funktioniert, können wir nicht nur neue Kanäle für die Kommunikation mit anderen erschließen, sondern auch auf unseren eigenen Körper und die Botschaften achten, die wir möglicherweise unwissentlich an andere senden.

Erstens ist es wichtig zu verstehen, dass nonverbale Kommunikation angeboren, biologisch und das Ergebnis der Evolution ist. Unsere emotionalen Reaktionen auf bestimmte Dinge sind blitzschnell und geschehen spontan, ob wir es wollen oder nicht. Wichtig ist, dass sie sich physisch durch unsere Körperhaltung und -bewegungen ausdrücken, was potenziell zur Übertragung von Tausenden von nonverbalen Botschaften führt.

Es ist der primitivere, emotionalere und vielleicht ehrlichere Teil unseres Gehirns, das limbische Gehirn, der für diese automatischen Reaktionen verantwortlich ist. Während der präfrontale Kortex (der intellektuellere und abstraktere Teil) ein wenig vom Körper entfernt ist und mehr unter bewusster Kontrolle steht, ist es auch der Teil, der in der Lage ist zu lügen. Aber auch wenn eine Person eine Sache sagen kann, wird ihr Körper immer die Wahrheit sprechen. Wenn Sie sich auf die Gesten, Bewegungen, Körperhaltungen,

Berührungsmuster und sogar die Kleidung einer Person einstellen können, geben Sie sich selbst einen direkteren Kanal zu dem, was sie *wirklich* denkt und fühlt. Navarro behauptet, dass die Mehrheit der Kommunikation ohnehin nonverbal ist - was bedeutet, dass Sie aktiv den Großteil der Botschaft verpassen, wenn Sie die Körpersprache *nicht* berücksichtigen.

Bedenken Sie, dass die Kommunikation zunächst nonverbal stattfand. In unserer frühesten Geschichte, vor der Entwicklung der Sprache, kommunizierten die Menschen höchstwahrscheinlich durch Gesten, einfache Laute und Gesichtsausdrücke. Tatsächlich macht ein Baby von dem Moment an, in dem es geboren wird, instinktiv Grimassen, um mitzuteilen, dass es friert, hungrig oder verängstigt ist. Wir müssen nie lernen, einfache Gesten zu lesen oder den Tonfall zu verstehen - das liegt daran, dass die nonverbale Kommunikation unsere erste Kommunikation war und vielleicht immer noch unsere bevorzugte Form ist.

Denken Sie daran, wie selbstverständlich Sie bereits nonverbale Kommunikation nutzen - in der Art, wie Sie Liebe zeigen oder Ihren Ärger demonstrieren. Auch wenn Sie sich dessen nicht bewusst sind, verarbeiten wir alle Unmengen von Informationen auf nonverbalen Kanälen. Wenn Sie lernen, diese Informationen zu lesen, können Sie feststellen, ob jemand versucht, Sie zu täuschen, oder ob jemand vielleicht versucht, seine Gefühle und wahren Absichten vor Ihnen zu verbergen.

Sie haben wahrscheinlich schon einmal von der „Kampf-oder-Flucht-Reaktion" gehört, aber es gibt noch eine dritte Möglichkeit: Erstarren. Diese Reaktion auf Gefahr kann recht subtil sein, aber dennoch spricht sie von Unbehagen und Angst. Unsere Vorfahren haben sicherlich „Kampf-oder-Flucht" gezeigt, als sie vor Raubtieren oder feindlichen Stämmen flohen, und diese Instinkte sind uns in den Sitzungssaal oder das Klassenzimmer gefolgt.

Das limbische Gehirn ist wiederum für diese Angstreaktionen verantwortlich. Jemand, dem eine schwierige Frage gestellt oder der in Verlegenheit gebracht wird, kann wie ein Reh im Scheinwerferlicht aussehen. Es kann sein, dass er seine Beine um einen Stuhl schlingt und fest in dieser Position verharrt (dies ist die Erstarr-Reaktion). Eine andere Möglichkeit ist, den Körper physisch von dem wegzubewegen, was als bedrohlich empfunden wird. Eine Person kann einen Gegenstand auf ihren Schoß legen oder ihre Gliedmaßen in Richtung Ausgang positionieren (die Fluchtreaktion). Schließlich kann eine dritte Person „kämpfen". Diese aggressive Reaktion auf die Angst kann sich in Streitereien, verbalem „Sparring" oder der Übernahme von Drohgebärden zeigen.

Je kompetenter Sie darin werden, nonverbale Signale zu lesen, desto mehr werden Sie vielleicht erkennen, wie grundlegend *körperlich* sie sind und wie viel sie über unsere gemeinsame evolutionäre Geschichte aussagen. In der Vergangenheit haben wir vielleicht buchstäblich einen Angriff mit bestimmten Gesten abgewehrt oder uns sogar mit sehr offensichtlichen Bewegungen und Ausdrücken auf einen anderen zubewegt. Heutzutage ist unsere

Welt sehr abstrakt und die Dinge, die uns bedrohen, sind eher verbal und konzeptionell - trotzdem ist die alte Maschinerie für Ausdruck, Angst, Aggression, Neugier usw. immer noch da, drückt sich vielleicht nur etwas subtiler aus.

Betrachten wir die so genannten „beschwichtigenden Verhaltensweisen". Diese können einen wichtigen Einblick in jemanden geben, der sich gestresst, unsicher oder bedroht fühlt. Im Wesentlichen ist ein Beschwichtigungsverhalten das, wonach es sich anhört - der (unbewusste) Versuch, sich angesichts einer wahrgenommenen Bedrohung selbst zu beruhigen. Wenn wir uns gestresst fühlen, kann unser limbisches Gehirn uns zu kleinen Gesten zwingen, die uns beruhigen sollen: die Stirn berühren, den Nacken reiben, an den Haaren herumfummeln oder die Hände ringen sind alles Verhaltensweisen, die den Stress lindern sollen.

Der Hals ist ein verletzlicher Bereich des Körpers, aber einer, der relativ exponiert ist. Wenn man bedenkt, wie aggressive

Menschen „sich an die Gurgel gehen", versteht man, wie der Hals und der Nacken unbewusst als ein Bereich empfunden werden kann, der für einen tödlichen Angriff offen ist. Es macht also Sinn, dass jemand, der diesen Bereich unbewusst abdeckt oder streichelt, damit seinen Kampf, sein emotionales Unbehagen oder seine Unsicherheit ausdrückt. Männer verwenden diese Geste häufiger als Frauen; Männer können an ihren Krawatten herumfummeln oder den oberen Teil des Kragens zusammendrücken, während Frauen die Finger an die suprasternale Kerbe (die Einbuchtung zwischen den Schlüsselbeinen) legen oder nervös mit einer Halskette spielen können.

Achten Sie auf dieses Verhalten und Sie werden bemerken, wie es die Ängste und Unsicherheiten von jemandem in Echtzeit offenbart. Jemand sagt vielleicht etwas leicht Aggressives und eine andere Person reagiert darauf, indem sie sich leicht zurücklehnt, die Arme verschränkt und eine Hand an den Hals legt. Beachten Sie dies in Echtzeit und Sie können daraus schließen, dass diese bestimmte Aussage etwas Angst und Unsicherheit geweckt hat.

In ähnlicher Weise kann das Reiben oder Berühren der Stirn oder der Schläfen emotionalen Stress oder Überforderung signalisieren. Ein kurzes Antippen mit den Fingern kann ein momentanes Gefühl von Stress offenbaren, während ein längeres Wiegen des Kopfes in beiden Händen extreme Not bedeuten kann. Tatsächlich können Sie jede Wiege-, Streichel- oder Reibebewegung als körperlichen Hinweis auf das Bedürfnis einer Person nach Selbstberuhigung betrachten. Dies könnte bedeuten, dass die Person die Wangen berührt, wenn sie sich nervös oder ängstlich fühlt, die Lippen reibt oder leckt, die Ohrläppchen massiert oder mit den Fingern durch das Haar oder den Bart fährt.

Beruhigende Verhaltensweisen sind aber nicht nur Dinge wie Streicheln oder Reiben. Auch das Aufblähen der Wangen und lautes Ausatmen ist eine Geste, die erheblichen Stress abbaut. Ist Ihnen schon einmal aufgefallen, wie viele Menschen dies tun, nachdem sie schlechte Nachrichten gehört haben oder nur knapp einem Unfall entgangen sind? Eine unerwartete Stressabbau-Reaktion ist das Gähnen - dieser plötzliche Versuch des Körpers, in stressigen Zeiten mehr Sauerstoff aufzunehmen, ist kein Zeichen von Langeweile, sondern wird sogar bei Tieren beobachtet. Eine weitere Reaktion ist die „Beinreinigung", bei der die Beine abgewischt werden, als wolle man sie waschen oder Staub abbürsten. Dies kann übersehen werden, wenn es unter einem Tisch versteckt ist, aber wenn Sie es bemerken können, ist es ein starkes Indiz für einen Versuch, sich in stressigen Momenten selbst zu beruhigen.

„Lüften" ist ein weiteres Verhalten, dem Sie vielleicht nicht viel Aufmerksamkeit schenken. Beachten Sie, dass jemand seinen Hemdkragen vom Hals wegzieht oder die Haare von den Schultern wegwirft, als ob er sich abkühlen möchte. Sie empfinden wahrscheinlich Unbehagen oder Anspannung. Obwohl dies buchstäblich wegen einer unangenehmen Umgebung sein könnte, ist es eher eine Reaktion auf innere Anspannung und Stress, der „abgekühlt" werden muss.

Eine der offensichtlichsten Formen von beruhigendem Verhalten sieht genau so aus wie das, was eine Mutter mit einem kleinen Kind machen würde, um es zu beruhigen: das Wiegen und Umarmen des eigenen Körpers oder das Reiben der Schultern, als ob man eine Erkältung abwehren wollte - all das deutet auf eine Person hin, die sich bedroht, besorgt oder überwältigt fühlt - diese Gesten sind eine unbewusste Art, den Körper zu schützen.

Dies ist ein wichtiges Prinzip, das der gesamten Theorie der Körpersprache zugrunde liegt: dass Gliedmaßen und Gesten unbewusste Versuche signalisieren können, den Körper zu schützen und zu verteidigen. Wenn Sie bedenken, dass der Rumpf alle lebenswichtigen Organe des Körpers enthält, können Sie verstehen, warum das limbische Gehirn reflexartig reagiert, um diesen Bereich abzuschirmen, wenn Bedrohungen wahrgenommen werden - sogar emotionale Bedrohungen.

Jemand, der in hohem Maße nicht auf eine Aufforderung reagiert oder sich angegriffen oder kritisiert fühlt, kann die Arme verschränken, als wolle er sagen: „Halt dich zurück." Das Heben der Arme vor die Brust während eines Streits ist eine klassische blockierende Geste, fast so, als ob die ausgetauschten Worte buchstäblich geworfen würden, was einen unbewussten Reflex auslöst, sie abzuwehren. In ähnlicher Weise können herabhängende, lose Arme eine Niederlage, Enttäuschung oder Verzweiflung anzeigen. Es ist so, als ob der Körper das nicht-physische Gefühl ausstrahlt für: „Ich kann das nicht tun. Ich weiß nicht, was ich tun soll. Ich gebe auf."

Lassen Sie uns das weiter ausführen. Stellen Sie sich jemanden vor, der mit ausgebreiteten Armen über einem Schreibtisch steht. Werden Sie da nicht sofort an ein Tier erinnert, das sein Territorium behauptet? Breite, ausladende Gesten signalisieren Selbstbewusstsein, Durchsetzungsvermögen und sogar Dominanz. Wenn eine Person mit ausgebreiteten Armen dasteht, lässt sie ihren Oberkörper frei. Dies ist eine kraftvolle Art zu kommunizieren, dass sie selbstbewusst den Raum einnimmt und sich nicht im Geringsten bedroht oder unsicher fühlt.

Zu den weiteren Gesten des Selbstbewusstseins und der Durchsetzungskraft gehört die Lieblingsgeste von Politikern und Geschäftsleuten auf der ganzen Welt: Die „Hand-Raute". Die Fingerspitzen werden aneinandergelegt, sodass sie einen kleinen Turm bilden. Es ist die klassische Verhandlungsgeste, die Zuversicht, Gelassenheit und Gewissheit über die eigene Macht und Position signalisiert, so als würden die Hände nur ruhen und in aller Ruhe den nächsten Schritt bedenken.

Auf der anderen Seite ist das Händeringen und -reiben eher ein Zeichen für ein mangelndes Gefühl der Kontrolle oder Zweifel an den eigenen Fähigkeiten. Auch dies ist eine beschwichtigende Geste, die Spannungen abbauen soll. Die Hände sind unsere Werkzeuge, um Veränderungen in der Welt zu bewirken und unsere Handlungen auszuführen. Wenn wir zappeln, die Hände ringen oder sie zu Fäusten ballen, demonstrieren wir einen Mangel an Leichtigkeit und Vertrauen in unsere Fähigkeiten oder finden es schwierig, selbstbewusst zu handeln.

Was ist mit den Beinen? Diese werden oft übersehen, da sie vielleicht unter einem Schreibtisch verborgen sind, aber auch Beine und Füße sind starke Indikatoren. „Glückliche Füße" können hüpfen und wackeln - andererseits können hüpfende Beine gepaart mit anderen nervösen oder beschwichtigenden Gesten auf ein Übermaß an nervöser Anspannung und Energie oder Ungeduld hinweisen... oder auf zu viel Kaffee. Sie entscheiden. Zehen, die nach oben zeigen, können als „lächelnde" Füße betrachtet werden und deuten auf positive, optimistische Gefühle hin.

Physiologisch gesehen geht es bei unseren Beinen und Füßen, wenig überraschend, vor allem um Bewegung. Beschäftigte Füße könnten auf einen unausgesprochenen Wunsch hinweisen, sich zu bewegen, entweder wörtlich oder im übertragenen Sinne! Es wird auch gesagt, dass Füße in die

Richtung zeigen, in die sie unbewusst gehen wollen. Zehenspitzen, die dem Gesprächspartner zugewandt sind, können signalisieren: „Ich bin hier bei dir; ich bin in diesem Gespräch präsent", während Füße, die in Richtung Ausgang gewinkelt sind, ein Hinweis darauf sein können, dass die Person eigentlich lieber gehen möchte.

Andere Hinweise darauf, dass jemand sich bewegen, weggehen oder fliehen möchte, sind Gesten wie das Anziehen der Knie, das Auf- und Abwippen auf den Fußballen oder das Stehen mit etwas Schwung im Schritt - all das zeigt auf subtile Weise, dass jemand, dessen Unterbewusstsein „die Motoren angeworfen hat", loslegen möchte. Das kann bedeuten, dass sie von den Möglichkeiten begeistert sind und so schnell wie möglich loslegen wollen, oder sie haben eine starke Abneigung gegen die aktuelle Situation und wollen fast buchstäblich „weglaufen". Auch hier kommt es auf den Kontext an!

Beine und Füße können auch negative Emotionen offenbaren. Das Überkreuzen der Beine kann, wie bei den Armen, den Wunsch signalisieren, sich abzuschotten oder den Körper vor einer wahrgenommenen Bedrohung oder Unbehagen zu schützen. Gekreuzte Beine sind oft zu einer Person geneigt, die wir mögen und der wir vertrauen - und weg von jemandem, den wir nicht mögen. Das liegt daran, dass die Beine als Barriere benutzt werden können, um die Anwesenheit einer Person entweder abzuwehren oder willkommen zu heißen. Frauen können in koketten Momenten Schuhe an den Zehenspitzen baumeln lassen, in einen Schuh hinein- und an der Ferse wieder herausschlüpfen. Ohne zu freudianisch zu werden, kann das Zeigen von Füßen und Beinen Komfort und sogar Intimität mit jemandem anzeigen. Andererseits kann das Verschließen der Füße und Knöchel Teil einer Freeze-Reaktion sein, wenn jemand eine Situation oder Person *wirklich nicht* mag.

Nachdem wir also das Gesicht, die Hände, die Beine und Füße und den Torso im Allgemeinen besprochen haben, was gibt es noch? Wie sich herausstellt, eine ganze Menge mehr. Der Körper als Ganzes kann auf bestimmte Weise im Raum positioniert, in bestimmten Haltungen gehalten oder weiter oder näher an andere Menschen herangeführt werden. Wenn Sie das nächste Mal jemandem begegnen, beugen Sie sich vor, um ihm die Hand zu schütteln, und beobachten Sie dann, was er mit seinem ganzen Körper macht.

Wenn er „auf der Stelle stehen bleibt" zeigt er, dass er mit der Situation, Ihnen und sich selbst zufrieden ist. Wenn er einen Schritt zurückgeht oder den gesamten Oberkörper und die Füße zur Seite dreht, deutet dies darauf hin, dass Sie ihm näher gekommen sind, als dass er sich wohlfühlt. Vielleicht kommt er sogar noch einen Schritt näher, um zu signalisieren, dass er mit dem Kontakt zufrieden ist und ihn vielleicht sogar weiter fördern möchte.

Das allgemeine Prinzip ist ziemlich offensichtlich: Körper dehnen sich aus, wenn sie bequem, glücklich oder dominant sind. Sie ziehen sich zusammen, wenn sie unglücklich, ängstlich oder bedroht sind. Körper bewegen sich auf das zu, was sie mögen und weg von dem, was sie nicht mögen. Sich zu einer Person hin zu lehnen, kann Zustimmung, Komfort, Flirten, Leichtigkeit und Interesse zeigen. Ebenso zeigen das Verschränken der Arme, das Abwenden, das Zurücklehnen und die Verwendung von eng gekreuzten Beinen als Barriere den unbewussten Versuch einer Person, sich von etwas Unerwünschtem zu entfernen oder sich davor zu schützen.

Die Leute, die sich in öffentlichen Verkehrsmitteln ausbreiten? Sie fühlen sich entspannt, sicher und selbstbewusst (ärgerlich, nicht wahr?). Diejenigen, die sich so eng wie möglich zu bündeln scheinen, können stattdessen ein geringes Selbstvertrauen und Durchsetzungsvermögen signalisieren, so als ob sie immer versuchen würden, weniger Platz zu beanspruchen. In ähnlicher Weise kommuniziert das Aufblähen der Brust und das Ausstrecken der Arme in einer aggressiven Haltung: „Seht, wie groß ich bin!" in einem Streit, wohingegen das Anheben der Schultern und das „Einrollen" in sich selbst nonverbal sagt: „Bitte tut mir nicht weh! Schau, wie klein ich bin!"

Wir sind nicht gerade wie Gorillas im Wald, die sich bei hitzigen Auseinandersetzungen an die Brust schlagen - aber wenn Sie genau hinschauen, können Sie trotzdem schwache Hinweise auf dieses ursprünglichere Verhalten erkennen. Diese Haltungen, die Raum einnehmen und sich ausdehnen, werden alle mit Dominanz, Durchsetzungsvermögen und Autorität assoziiert. Hände in die Hüften gestemmt, die Hände königlich hinter dem Rücken gehalten (erinnert Sie das nicht an ein Königshaus oder einen würdevollen Soldaten, der keine Angst vor Angriffen hat?), oder sogar die Arme hinter dem Nacken verschränkt, während man sich in einem Stuhl zurücklehnt - all das bedeutet Komfort und Dominanz.

Wenn Sie sich der Körpersprache von Menschen bewusst werden, fragen Sie in erster Linie, ob ihre Handlungen, Gesten und Körperhaltungen einengend oder erweiternd sind. Ist das Gesicht offen oder verschlossen? Sind die Hände und Arme weit gespreizt und werden locker und weit vom Körper gehalten, oder werden die Gliedmaßen eng und angespannt gehalten?

Ist der Gesichtsausdruck, den Sie betrachten, angespannt oder locker und offen? Ist das Kinn hochgehalten (Zeichen von Selbstvertrauen) oder eingezogen (Zeichen von Unsicherheit)?

Stellen Sie sich vor, Sie können gar nicht in Worte fassen, was Sie betrachten; beobachten Sie einfach. Ist der Körper vor Ihnen entspannt und bequem im Raum, oder gibt es eine gewisse Enge, Spannung und Unruhe in der Art, wie die Gliedmaßen gehalten werden?

Vieles an der Kunst der Körpersprache ist, einmal gesagt, eher intuitiv. Das liegt daran, dass jeder von uns eigentlich schon fließend in ihrer Interpretation ist. Wir müssen uns nur erlauben, das Verbale für einen Moment auszublenden, um die Fülle an nonverbalen Informationen wahrzunehmen, die immer zwischen den Menschen fließen. Nichts davon ist wirklich verborgen. Vielmehr geht es darum, sich für Daten zu öffnen, die auf einem Kanal eintreffen, auf den wir nicht zu achten gelernt haben.

Auf den Punkt gebracht

Wie können wir all dies nutzen, um Menschen effektiv zu „lesen" und sogar die Motivationen, Absichten und Gefühle zu verstehen, die Menschen vielleicht aktiv zu verbergen versuchen? Es lohnt sich, gleich zu Beginn daran zu denken, dass das Erkennen von Täuschung nicht so einfach ist, wie manche glauben machen wollen, und dass es, wie wir gesehen haben, nicht so einfach ist, ein verräterisches Zeichen zu erkennen, das eine Lüge ein für alle Mal beweist. Sowohl Laien als auch Profis sind notorisch schlecht im Lesen von Körpersprache, trotz der Fülle an Informationen, die wir mittlerweile zu diesem Thema haben.

Aber die Kunst besteht darin, zu entscheiden, was man mit bestimmten Beobachtungen anfangen soll, wenn man sie gemacht hat. Bedeuten die verschränkten Arme einer Person, dass sie lügt, unglücklich über etwas ist, Angst hat... oder einfach nur friert? Der Trick besteht darin, nicht nur einen oder zwei, sondern eine ganze Reihe von Hinweisen zu verwenden, um sich ein umfassenderes Bild vom Verhalten zu machen. Der Grund, warum es so schwierig ist, eine „Lüge" mit perfekter Genauigkeit zu erkennen, ist, dass die Gesten und Ausdrücke, die mit einem Schwindel verbunden sind, sich oft nicht von denen unterscheiden, die Stress oder Unbehagen bedeuten.

Lohnt es sich also in Anbetracht all dessen, das Lesen der Körpersprache zu lernen? Auf jeden Fall. Das Hinzufügen dieser zusätzlichen Dimension zu Ihren Interaktionen mit anderen wird Ihre Beziehungen nur bereichern und Ihnen einen zusätzlichen Einblick in Ihre zwischenmenschlichen Konflikte und Spannungen geben. Wenn Sie wissen, was in einer anderen Person vorgeht, können Sie ein besserer Kommunikator sein und das ansprechen, was die Leute tatsächlich fühlen, anstatt nur anzusprechen, was sie sagen.

Körpersprachliche Signale sind immer da. Jeder Mensch kommuniziert nonverbal, in jedem Moment des Tages. Und es ist möglich, diese Informationen nicht nur in Echtzeit zu beobachten, sondern auch zu lernen, sie richtig zu synthetisieren und zu interpretieren. Sie müssen kein Experte sein, und Sie müssen auch nicht perfekt sein. Sie müssen nur aufmerksam und neugierig auf Ihre Mitmenschen sein, auf eine Art und Weise, wie Sie es vorher vielleicht nicht waren. Wenn Sie Ihre Fähigkeiten zum Lesen von Körpersprache entwickeln, kann es hilfreich sein, ein paar Schlüsselprinzipien im Hinterkopf zu behalten:

Stellen Sie normales Verhalten fest.

Ein oder zwei Gesten in einem Gespräch haben nicht viel zu bedeuten. Sie könnten versehentlich oder rein physiologisch sein. Aber je mehr Sie wissen, wie sich jemand „normalerweise" verhält, desto mehr können Sie davon ausgehen, dass jedes Verhalten, das davon abweicht, es wert ist, genauer betrachtet zu werden. Wenn jemand *immer* die Augen zusammenkneift, schmollt, mit den Füßen wackelt oder sich räuspert, können Sie diese Gesten mehr oder weniger ausschließen.

Achten Sie auf ungewöhnliches oder inkongruentes Verhalten.

Beim Lesen von Menschen geht es darum, Verhaltensmuster zu lesen. Achten Sie besonders auf Hinweise, die für diese Person ungewöhnlich sind. Plötzliches Herumfummeln an den Haaren und Vermeiden von Augenkontakt könnte Ihnen verraten, dass etwas nicht stimmt, besonders wenn diese Person diese Dinge normalerweise nie tut. Mit der Zeit erkennen Sie vielleicht „Verräter" unter Menschen, die Ihnen am nächsten stehen - sie rümpfen vielleicht immer die Nase, wenn sie unehrlich sind, oder räuspern sich übermäßig, wenn sie ängstlich sind und so tun, als wären sie es nicht.

Wichtig ist, dass Sie genau auf die Gesten und Bewegungen achten, die unpassend erscheinen. Diskrepanzen zwischen verbaler und nonverbaler Kommunikation können Ihnen mehr verraten als die bloße Beobachtung der nonverbalen Kommunikation allein. Es geht um den Kontext. Ein offensichtliches Beispiel ist jemand, der die Hände ringt, sich die Schläfen reibt und laut seufzt, aber behauptet: „Mir geht es gut. Nichts ist los." Es sind nicht die Gesten, die Ihnen verraten, dass diese Person Kummer verbirgt, sondern die Tatsache, dass sie nicht mit den gesprochenen Worten übereinstimmen.

Sammeln Sie viele Daten.

Wie wir gesehen haben, könnten bestimmte einschränkende Verhaltensweisen lediglich darauf zurückzuführen sein, dass man friert, müde oder sogar krank ist, und ausladende Gesten haben vielleicht nicht so sehr mit Selbstvertrauen zu tun, sondern damit, dass man sich körperlich warm fühlt und sich abkühlen möchte. Aus diesem Grund ist es wichtig, eine Geste nie allein zu interpretieren. Berücksichtigen Sie immer eine Reihe von Hinweisen.

Wenn Sie etwas sehen, bemerken Sie es, aber ziehen Sie nicht sofort irgendwelche Schlüsse. Achten Sie darauf, ob man es noch einmal tut. Achten Sie auf andere Gesten, die das, was Sie gesehen haben, verstärken oder die gegenteilige Interpretation nahelegen könnten. Achten Sie darauf, ob sich das Verhalten bei anderen Personen oder in anderen Zusammenhängen wiederholt. Nehmen Sie sich Zeit, um wirklich *das Ganze* zu analysieren, was vor Ihnen liegt.

Suchen Sie nach Spiegelungen.

Eine wichtige Sache, an die Sie denken sollten, ist, dass bestimmte Gesten in einem bestimmten Kontext oder bei einer bestimmten Person eine bestimmte Bedeutung haben können, aber in einem anderen Kontext oder bei einer anderen Person eine andere Bedeutung haben. Mit anderen Worten: Bestimmte Gesten könnten buchstäblich nur für Sie gelten, wenn Sie mit dieser Person sprechen. Wenn Sie mit jemandem nicht sehr vertraut sind, ist eine schnelle Abkürzung für das Lesen der Körpersprache, einfach darauf zu achten, ob die Person Ihre Gesten spiegelt oder nicht, was auch immer das ist.

Spiegeln ist ein grundlegender menschlicher Instinkt; wir neigen dazu, das Verhalten und die Mimik derer, die wir mögen oder mit denen wir übereinstimmen, zu übernehmen und nachzuahmen, während wir dies nicht tun, wenn wir eine Person nicht mögen oder sie negativ wahrnehmen. Wenn Sie sich in einem Meeting mit einem neuen Kunden befinden, werden Sie vielleicht feststellen, dass egal wie freundlich Ihre Stimme ist oder wie oft Sie lächeln und offene, warme Gesten machen, diese Person mit Kälte und verschlossenen Gesten reagiert und Ihnen Ihren Optimismus nicht zurückspiegelt. Dabei sind die Gesten selbst irrelevant; allein die Tatsache, dass die Gesten nicht geteilt werden, zeigt Ihnen, dass die Person, mit der Sie zu tun haben, unempfänglich oder feindselig ist oder sich bedroht fühlt.

Achten Sie auf die Energie.

Das ist keine flauschige, esoterische Idee: Achten Sie in einer Gruppe einfach darauf, wo Absicht, Anstrengung und Fokus konzentriert werden. Beobachten Sie, wohin die Energie fließt. Manchmal ist der „Anführer" einer Gruppe nur dem Namen nach so; die wahre Macht kann woanders liegen. Man braucht nur darauf zu achten, wie viel Fokus und Aufmerksamkeit auf ein Baby im Raum fließt, um dies zu bestätigen - das Baby sagt und tut sehr wenig und beherrscht dennoch die Aufmerksamkeit aller Anwesenden. In ähnlicher Weise mag in einer Familie der Vater der offizielle „Anführer" sein, und er mag gestikulieren und laut sprechen, um diese Wahrnehmung zu zementieren. Aber wenn Sie genau hinsehen, werden Sie feststellen, dass es seine Frau ist, die zwar ständig zurückgestellt wird, aber jedes Familienmitglied kann mit seiner Körpersprache zeigen, dass die Bedürfnisse der Mutter tatsächlich Vorrang haben, ungeachtet dessen, was verbal behauptet wird.

Die mächtigste Stimme in einem Raum ist nicht unbedingt die lauteste. Vieles lässt sich über die Machtdynamik in einer Gruppe verstehen, wenn man beobachtet, wohin die Energie fließt. Wer spricht am meisten? *Mit* wem wird immer gesprochen, und wie? Wer scheint immer die „zentrale Bühne" einzunehmen?

Denken Sie daran, dass Körpersprache dynamisch ist.

Wenn wir sprechen, besteht der Inhalt unserer Sprache nicht nur aus den Wörtern und der Grammatik, mit der wir sie aneinanderreihen. Es geht auch darum, *wie* wir sprechen. Sagen wir viel oder wenig? In welchem Tonfall? Sind die Sätze lang und kompliziert oder kurz und prägnant? Ist alles zaghaft formuliert, wie eine Frage, oder wird es selbstbewusst gesagt, als ob es eine bekannte Tatsache ist? Wie ist die Geschwindigkeit der Wiedergabe? Wie laut? Ist es klar oder nuschelnd?

Genauso wie verbale Informationen in der Art und Weise variieren können, wie sie kommuniziert werden, können auch nonverbale Informationen variieren. Gesten sind keine statischen, festen Dinge, sondern lebendige Ausdrücke, die sich in Zeit und Raum bewegen. Beobachten Sie den Fluss der Informationen in Echtzeit. Beobachten Sie, wie sich Ausdrücke als Reaktion auf die Umgebung und die Personen darin verändern und bewegen. Seien Sie nicht neugierig darauf, eine diskrete Geste zu „erwischen", sondern beobachten Sie vielmehr den Fluss der Gesten, wie sie sich verändern.

Betrachten Sie zum Beispiel, wie eine Person geht. Gehen ist wie eine Körperhaltung, aber in Bewegung gesetzt.

Schlurfende, langsame Gänge deuten auf mangelndes Selbstvertrauen hin, während federnde, schnelle Gänge Optimismus und Aufregung suggerieren. Interessieren Sie sich dafür, wie eine Person auf andere im Gespräch reagiert oder wie sie mit Personen in Machtpositionen spricht. Wenn Sie erst einmal anfangen zu suchen, werden Sie erstaunt sein über die Fülle an Informationen, die dort nur darauf warten, bemerkt zu werden.

Der Kontext ist alles.

Abschließend sei noch einmal gesagt: Keine Geste findet in einem Vakuum statt. Nonverbale Kommunikation muss in Relation zu allem anderen betrachtet werden - genau wie verbale Kommunikation. Ermitteln Sie Muster und lernen Sie das Verhalten einer Person im Laufe der Zeit, in verschiedenen Kontexten und gegenüber verschiedenen Personen kennen. Berücksichtigen Sie die Situation und die Umgebung - Schwitzen und Stottern während des Ehegelübdes oder eines wichtigen Interviews ist verständlich; es zu tun, wenn Sie gebeten werden zu erklären, warum Sie in den Schubladen von jemandem herumschnüffeln, ist etwas verdächtiger.

Denken Sie daran, dass jeder Mensch eine eigene, einzigartige, idiosynkratische Persönlichkeit hat. Berücksichtigen Sie bei Ihrer Analyse die Tatsache, dass Menschen entweder introvertiert oder extrovertiert sind, Emotionen oder Intellekt bevorzugen, eine hohe oder niedrige Toleranz für Risiken und Widrigkeiten haben, in stressigen Situationen gedeihen oder darin verkümmern, spontan und lässig oder zielgerichtet und eher ernsthaft sein können. Unsere instinktiven, evolutionär programmierten Impulse können nicht versteckt oder unterdrückt werden, aber sie können je nach unserer einzigartigen Persönlichkeit leicht unterschiedliche Formen annehmen.

Zugegeben, das Lesen von Mimik und Körpersprache ist eine Fähigkeit, die Zeit und Geduld erfordert, um sie zu beherrschen. Es gibt keine schnellen und einfachen Tricks, um die tieferen Motivationen von Menschen zu verstehen.

Wenn Sie sich jedoch an die oben genannten Prinzipien erinnern und sich darauf konzentrieren, Ihre Beobachtungsgabe zu verfeinern, werden Sie bald ein Händchen dafür entwickeln, selbst winzige Wellen und Wellenbewegungen im Verhalten zu sehen und zu verstehen, die Sie vorher vielleicht übersehen hätten. Wir leben in einer Welt, die von Worten und Sprache dominiert wird. Aber wenn Sie ein Student der nonverbalen Kommunikation werden, ist es keine Übertreibung zu sagen, dass Sie sich selbst für eine völlig andere, manchmal ziemlich seltsame Welt öffnen.

Der menschliche Körper ist ein Ganzes - Lesen Sie ihn so

Jeder hat schon einmal beiläufig eine Statistik gehört, die in etwa so klingt: „Neunzig Prozent der Kommunikation ist in Wirklichkeit nonverbal." Wir stellen uns vor, dass Kommunikation in erster Linie eine Frage der Sprache, der Symbole, der Geräusche und Klänge und der Bilder auf einer Seite ist, während die Person, die die Sprache erzeugt, eine separate physische Einheit ist, die den Raum einnimmt.

Aber in der Realität ist die Grenze zwischen verbal und nonverbal, Medium und Botschaft, immer ein wenig verschwommen.

In den vorangegangenen Abschnitten haben wir explizit betrachtet, wie eine Person auch jenseits der Inhalte, die sie Ihnen bewusst vermitteln will, „gelesen" werden kann. Mit anderen Worten: Sie hören nicht nur auf die Botschaft, die sie sendet, sondern Sie hören *ihr zu*, als ob ihr Körper selbst etwas wäre, das man lesen und interpretieren kann.

In der Diskussion über das Erkennen von Täuschung oder versteckten wahren Gefühlen haben wir eine Annahme gemacht: dass das, was im Inneren einer Person ist, sich unweigerlich irgendwie im Äußeren einer Person manifestiert. Das liegt daran, dass wir instinktiv verstehen, dass der Mensch ein *Ganzes* ist, d. h., das Verbale und das Nonverbale sind wirklich nur verschiedene Aspekte derselben Sache. Was ist wirklich der Unterschied zwischen den Worten und den Lippen, die sie sagen? Dem Körper und der Geste, die der Körper macht?

Es mag ein wenig abstrakt erscheinen, aber es stellt sich heraus, dass es jetzt interessante Forschungen gibt, die die Idee untermauern, dass die Kommunikation als Ganzes als ein vollständiger Ausdruck eines Menschen verstanden werden kann. Zunächst einmal: Haben Sie schon einmal mit jemandem telefoniert, bei dem Sie sofort erkennen konnten, ob er lächelt oder nicht? Callcenter-Manager werden ihren Mitarbeitern erzählen, dass man am Telefon „Lächeln hören" kann, aber was glauben Sie, wie das tatsächlich möglich ist?

Es macht Sinn, wenn man bedenkt, dass die Stimme kein abstraktes Symbol ist, sondern ein realer, physiologischer Teil des menschlichen Körpers. Der Forscher am Donders Institut der Radboud Universität Wim Pouw veröffentlichte 2020 einige interessante Erkenntnisse in der Zeitschrift

PNAS. Er interessierte sich für das Thema, das wir alle instinktiv zu verstehen scheinen: dass Handgesten und Gesichtsausdrücke uns helfen können, besser zu verstehen, was kommuniziert wird - tatsächlich kann eine Geste manchmal grundlegend dafür sein, dass wir die Botschaft verstehen.

In einem Experiment bat Pouw sechs Personen, ein einfaches Geräusch (wie „aaaaa") zu machen, aber es mit verschiedenen Arm- und Handgesten zu kombinieren, während sie sprachen. Er bat dann dreißig andere Teilnehmer, sich nur Aufnahmen der Geräusche anzuhören. Überraschenderweise waren die Teilnehmer in der Lage zu erraten, was die begleitenden Bewegungen waren und sie sogar selbst nachzuahmen. Sie konnten sagen, was die Bewegung war, wo sie ausgeführt wurde und sogar wie schnell die Geste gemacht wurde!

Wie? Pouws Theorie besagt, dass Menschen in der Lage sind, unbewusst subtile, aber wichtige Veränderungen in der Stimmlage und Lautstärke sowie

Geschwindigkeitsänderungen zu erkennen, die mit verschiedenen Gesten einhergehen. Wenn Sie eine Geste machen, ist Ihr *ganzer Körper* beteiligt, einschließlich Ihrer Stimme. Mit anderen Worten, wenn Sie eine Stimme hören, hören Sie mehrere Aspekte über den Körper dieser Person.

Beim Sprechen schwingt der Ton durch das gesamte Bindegewebe Ihres Körpers, aber Unterschiede in der Muskelspannung können entstehen, wenn wir mit anderen Körperteilen Gesten machen, und wir können diese winzigen Anpassungen in der Stimme hören. Das Tolle an dieser besonderen Fähigkeit ist, dass Sie sie nicht unbedingt trainieren müssen, sondern sich nur ihrer bewusst werden. Sie hätten wahrscheinlich nie gedacht, dass Sie das Lesen der Körpersprache am Telefon üben könnten, aber Sie können es - wenn Sie verstehen, dass die Stimme einfach ein Teil des Körpers einer Person ist!

Allein die Stimme ist ein unglaublich reichhaltiger Aspekt des Verhaltens, den man untersuchen kann. Wenn Sie jemanden aus einem anderen Raum, auf einer

Aufnahme oder am Telefon hören, schließen Sie die Augen und stellen Sie sich vor, was sein Körper tut und was diese Haltung oder Geste andeuten könnte. Sie können zweifellos auch Alter und Geschlecht durch die Stimme hören, aber Sie können auch etwas über die ethnische Zugehörigkeit oder Nationalität einer Person ableiten, indem Sie auf ihren Akzent oder Wortschatz hören.

Achten Sie auf die Geschwindigkeit, Klangfarbe, Lautstärke, Tonhöhe und den Grad der verwendeten Kontrolle. Wie atmet die Person? Wie verstärken sich ihre Worte und die *Art und Weise, wie* sie diese Worte sagen, oder unterminieren sie sich vielleicht gegenseitig? Zum Beispiel könnte Ihnen jemand am Telefon erzählen, wie aufgeregt er über etwas ist, aber seine langsame und träge Stimme könnte Ihnen suggerieren, dass er in sich zusammengesunken ist - und seine Aufregung stark übertreibt.

Denken in Form von Nachrichten-Clustern

Lenken wir unsere Aufmerksamkeit weg von einzelnen körperlichen Handlungen, die etwas anderes bedeuten oder andeuten können oder auch nicht, und betrachten wir stattdessen das menschliche Verhalten im Hinblick auf die Gesamtbotschaft, die es anderen vermittelt. Wenn wir uns zum Beispiel feindselig und aggressiv fühlen, zeigt sich diese Haltung und Absicht in jedem Bereich, von unserer Sprache über unsere Handlungen bis hin zu unserem Gesichtsausdruck und unserer Stimme. Anstatt zu versuchen, sich vorzustellen, wie jede mögliche Manifestation von Aggression aussieht, können wir uns auf die Aggression selbst konzentrieren und auf die daraus resultierenden Verhaltensbündel achten.

Aggression wird verständlicherweise durch konfrontierende Gesten gezeigt, oder solche, die sich aktiv und energisch auf ein Ziel *zubewegen*. Invasive, sich nähernde Gesten, die sich auf eine andere Person zubewegen, können einen Versuch bedeuten, zu dominieren, zu kontrollieren oder anzugreifen. Verbal kann dies wie eine Beleidigung oder ein Spott aussehen, körperlich sieht es so aus, dass man zu nahe kommt oder sich sogar zur Schau stellt oder entblößt, als wolle man überlegene Stärke demonstrieren. Bei der Aggression geht es um plötzliche, eindringliche und gezielte Gesten. Es ist, als ob sich der ganze Körper um eine einzige spitze Absicht ballt.

Durchsetzungsfähige Körpersprache hingegen ist ebenso kraftvoll, aber nicht so gezielt. Dies ist eine Person, die ihren Standpunkt vertritt, d.h. fest, ausgeglichen, glatt und offen im Ausdruck eines selbstbewusst gehaltenen Wunsches ist. Die aggressive Person kann schreien, wohingegen eine durchsetzungsfähige Person einfach ihr Anliegen mit einer Art muskulöser Gewissheit, die in der Stimme zu hören ist, darlegen kann.

Unterwürfige Körpersprache ist das Gegenteil - achten Sie auf „senkende", selbstschützende Gesten, die die Person kleiner erscheinen lassen, mit kleinen, beschwichtigenden Gesten wie übermäßiges Lächeln, bewegungslos sein, leise sprechen, die Augen nach unten richten oder eine verletzliche oder nicht bedrohliche Haltung einnehmen.

Das ist etwas anderes, als wirklich **offen und empfänglich zu** sein. Entspannte, freundliche Menschen signalisieren Lockerheit - offene und unverschränkte Arme und Beine, unbewachte Mimik, leichtes Sprechen oder sogar das Lockern oder Entfernen äußerer Kleidungsschichten, um Informalität zu zeigen.

Dies ist ein wenig wie die **romantische** Körpersprache, nur dass jemand, der sexuell interessiert ist, sich auch auf eine Art und Weise verhalten wird, die die Intimität betont. Der Schwerpunkt wird auf Sinnlichkeit (Berühren der anderen Person oder des eigenen Körpers, Vorzeigen, Streicheln, Verlangsamung, warmes Lächeln) und Verbindung (längerer Augenkontakt, Fragen, Zustimmung, Spiegeln) liegen. Die überwältigende Wahrnehmung ist die einer Einladung zur Annäherung.

Täuschende Körpersprache ist alles, was durch ein Gefühl der Spannung gekennzeichnet ist. Täuschung ist das Vorhandensein von zwei widersprüchlichen

Dingen - zum Beispiel, dass jemand eine Sache glaubt, aber etwas anderes sagt. Achten Sie auf die Spannung, die eine solche Unstimmigkeit erzeugt. Achten Sie auf Ängstlichkeit, eine verschlossene Körpersprache und ein Gefühl der Ablenkung (schließlich verarbeitet die Person zusätzliche Daten, die sie Ihnen nicht preisgeben möchte!). Achten Sie auf jemanden, der scheinbar bemüht ist, sich zu beherrschen, und der ängstlich wirkt.

Indem wir die Absichten hinter der gesamten Kommunikation betrachten, können wir beginnen, den Körper als Ganzes zu lesen. Das macht es einfacher, mehrere Datenpunkte schneller zu erfassen und Verhaltensmuster zu finden, anstatt zu viel aus einer einzigen Geste oder Mimik abzuleiten. Betrachten Sie den gesamten menschlichen Körper - die Gliedmaßen, das Gesicht, die Stimme, die Körperhaltung, den Oberkörper, die Kleidung, die Haare, die Hände und Finger, einfach alles.

Können Sie eine Ansammlung von verschlossenen, abwehrenden Gesten erkennen? Versucht jemand, Macht, Stärke und Dominanz zu zeigen? Oder ist er einfach nur selbstbewusst? Versucht die Person vor Ihnen zu zeigen, dass sie vertrauenswürdig ist, oder dass sie Ihnen etwas wirklich Wertvolles zu verkaufen hat (Körpersprache des Verkäufers) oder dass sie Sie mit Offenheit und Respekt begrüßt?

Suchen Sie ganz allgemein nach den folgenden Ganzkörpermustern:

- Kreuzen, sich verschließen oder abkapseln - könnte Zurückhaltung, Misstrauen, Schüchternheit signalisieren
- Ausdehnung, Öffnung, Lockerung - signalisiert Freundlichkeit, Komfort, Vertrauen, Entspannung
- Vorwärts, spitz, gerichtet - kann auf Dominanz, Kontrolle, Überzeugungskraft hinweisen
- Vorzeigen, Berühren, Streicheln - zeigt romantische Absichten
- Auffallend, abrupt, stark, laut - signalisieren Energie oder Gewalt, manchmal auch Angst
- Wiederholung, Zustimmung, Spiegelung - zeigt Respekt, Freundlichkeit, Bewunderung, Unterordnung

In einem noch umfassenderen Sinn können Sie das gesamte Verhalten und die Kommunikation als Ausdruck von Halten betrachten - Festhalten, Einhalten, Aufhalten, Zurückhalten, Nicht-Greifen-Können, Klammern usw. Wenn Sie jemandem begegnen, dessen ganzes Wesen ein Ausdruck von Kraft und Kontrolle (an etwas festhalten) zu sein scheint, können Sie von hier aus Ihre Interpretation der Person übernehmen und all die kleineren Datenpunkte besser verstehen - das Ringen der Hände, die zusammengepressten und geschürzten Lippen, die gerunzelte Stirn, die flache Atmung, die die Stimme zu ersticken scheint, der hohe Tonfall, das schnelle Blinzeln ...

Ihr Körper sendet Ihnen eine klare, einheitliche Botschaft: eine der Anspannung. Es ist etwas Großes im Gange, das sie versucht, unter Verschluss zu halten. Weitere Hinweise auf den Kontext könnten Ihnen verraten, ob es sich um ein unangenehmes Eingeständnis, eine Lüge oder einfach um etwas handelt, das sie nicht mit Ihnen teilen möchte.

Fazit

- Endlich geht es richtig zur Sache. Wie können wir Menschen allein durch Anblick und Beobachtung lesen und analysieren? Wir behandeln zwei Hauptaspekte: Mimik und Körpersprache. Es ist wichtig anzumerken, dass, obwohl viele Aspekte wissenschaftlich bewiesen sind (mit physiologischen Ursprüngen), wir nicht sagen können, dass einfache Beobachtungen narrensicher sind. Es kann nie endgültig sein, weil es zu viele externe Faktoren gibt, die berücksichtigt werden müssen. Aber wir können besser verstehen, auf welche typischen Dinge wir achten müssen und was wir daraus ablesen können.
- Wir verwenden zwei Arten von Gesichtsausdrücken: Mikro- und Makroausdrücke. Makroausdrücke sind größer, langsamer und offensichtlicher. Sie werden auch routinemäßig vorgetäuscht und bewusst erzeugt. Mikroausdrücke sind das Gegenteil von

all diesen Dingen: unglaublich schnell, fast nicht wahrnehmbar und unbewusst. Der Psychologe Paul Ekman hat für jede der sechs Grundemotionen eine Vielzahl von Mikroausdrücken identifiziert und insbesondere auch Mikroausdrücke, die Nervosität, Lügen oder Täuschung anzeigen.
- Die Körpersprache hat eine viel breitere Palette an möglichen Interpretationen. Im Allgemeinen nimmt ein entspannter Körper Raum ein, während ein ängstlicher Körper sich zusammenzieht und sich verstecken und selbst trösten will. Es gibt zu viele Besonderheiten, um sie in einem Aufzählungspunkt aufzulisten, aber denken Sie einfach daran, dass der einzig wahre Weg, die Körpersprache zu analysieren, darin besteht, zuerst genau zu wissen, wie jemand ist, wenn er normal ist.
- Um alles zusammenzufügen, müssen wir den Körper als Ganzes lesen und nach allgemeinen Verhaltensgruppen Ausschau halten, die zusammenwirken, um eine einheitliche Botschaft zu vermitteln. Die Stimme kann als ein Teil

des Körpers betrachtet und wie jede andere Körpersprache gelesen werden. Achten Sie auf Anzeichen oder Hinweise, die inkongruent sind und nicht gut zu den anderen Hinweisen passen, die gegeben werden. Falls Sie weitere Hinweise bemerken, die dies bekräftigen, könnte dies darauf hindeuten, dass die andere Person versucht, etwas zu verbergen. Wie immer können die Anzeichen, die Sie aufgeschnappt haben, jedoch auch bedeutungslos sein, also stellen Sie sicher, dass Sie genügend Daten haben, um sie zu stützen.

# Kapitel 3. Persönlichkeitsforschung und Typologie

So wie wir jede Art von Kommunikation, Verhalten oder Sprache einer Person als direkten Ausdruck ihres *gesamten* Selbst verstehen können, können wir auch die Persönlichkeit in den Mix einbeziehen. Persönlichkeit kann als ein über einen längeren Zeitraum anhaltendes Verhaltensmuster betrachtet werden. Sie können eine bestimmte Geste oder einen bestimmten Tonfall so deuten, dass er XYZ bedeutet, aber dieselbe Geste oder Stimme, wenn sie zuverlässig und oft genug wiederholt wird, beginnt sich zu einer Persona zu verfestigen.

Daraus folgt, dass, wenn wir ein wenig über das anhaltende, lebenslange Muster des *allgemeinen* Verhaltens wissen, wir mehr Kontext haben, der uns hilft, das *spezifische* Verhalten zu verstehen, das wir zu einem bestimmten Zeitpunkt vor uns sehen. In der Psychologie wird die Persönlichkeit normalerweise als eine spezielle Mischung der einzigartigen Eigenschaften einer Person verstanden, d. h., wo sie auf mehreren Einstellungskontinua liegt.

Die meisten Persönlichkeitstheorien interessieren sich für die grundlegenden Achsen, auf denen sich Menschen unterscheiden - wenn man diese grundlegenden Schrauben und Muttern der menschlichen Persönlichkeit in den Griff bekommt - so die Idee - gewinnt man einen besseren Einblick in das Verhalten und lernt vielleicht sogar, es vorherzusehen und vorauszusagen.

Testen Sie Ihre Persönlichkeit

Nun wäre jede Diskussion über die Analyse von Persönlichkeit und Identität unvollständig, ohne auf die Big Five Persönlichkeitsmerkmale sowie den Myers-Briggs-Typenindikator und die damit verbundenen Keirsey-Temperamente einzugehen. Dies sind direkte Wege, um zu verstehen, wer jemand ist, in dem Maße, wie solche Tests es zulassen.

Sehr selten werden Sie dieses Maß an Wissen über jemanden haben, den Sie lesen oder analysieren wollen, aber auch hier lohnt es sich, ein paar verschiedene Skalen zu verstehen, nach denen Sie andere bewerten können. Vielleicht sind Sie in der Lage, einige dieser Eigenschaften bei anderen zu identifizieren und dadurch deren Motivationen und Werte zu verstehen.

Die Chancen stehen gut, dass Sie irgendwann in Ihrem Leben einen Persönlichkeits-, Berufseignungs- oder Beziehungstest gemacht haben, um mehr über sich selbst zu erfahren. Im Zusammenhang mit der Analyse von Menschen bringt uns das nicht ganz dahin, wo wir hinwollen. Die Verwendung dieser Persönlichkeitstests verfehlt fast den Zweck, jemanden auf der Grundlage von Beobachtungen und Verhaltensweisen zu analysieren, aber sie bieten viel Stoff zum Nachdenken darüber, nach welchen Merkmalen man genau suchen sollte und was Menschen unterscheidet.

Hoffentlich sind Sie schon über einen gestolpert, der versucht hat, Sie anhand der Big Five Persönlichkeitsmerkmale zu bewerten. Wie bereits erwähnt, handelt es sich dabei um eine Theorie, die die menschliche Psyche in fünf grobe Merkmale unterteilt. Diese fünf einfachen Faktoren könnten die sehr komplexe Frage bestimmen, der Sie nachjagen: Was macht *Sie* zu dem, was *Sie* sind - und was macht andere Menschen zu dem, was *sie* sind?

Das Big-Five-Modell

Diese Theorie geht auf eine 1949 von D. W. Fiske veröffentlichte Untersuchung zurück. Seitdem hat sie an Popularität gewonnen und wurde von Autoren wie Norman (1967), Smith (1967), Goldberg (1981) und McCrae und Costa (1987) beschrieben. Anstatt Sie als Ganzes zu bewerten, basierend auf Ihren Erfahrungen und Motivationen, reduziert diese Theorie Sie auf fünf Eigenschaften: Offenheit für Erfahrungen, Gewissenhaftigkeit, Extrovertiertheit, Verträglichkeit und Neurotizismus.

Vielleicht haben Sie schon einmal davon gehört. Begriffe wie introvertiert und extrovertiert werden heutzutage oft verwendet, aber was bedeuten sie wirklich? Sie sind zwei Enden des Spektrums. Jede Eigenschaft hat zwei Extreme, und obwohl wir es vielleicht nicht zugeben wollen, verkörpert jeder von uns alle diese fünf Eigenschaften zu einem gewissen Grad. Gemäß dieser Theorie geht es darum, wie viel von jeder Eigenschaft wir verkörpern und wo wir in dem Bereich zwischen den Extremen landen, die unsere einzigartige Persönlichkeit bestimmen.

Offenheit für Erfahrungen. Die erste der Big-Five-Persönlichkeitseigenschaften bestimmt, wie bereit Sie sind, Risiken einzugehen oder etwas Neues auszuprobieren. Würden Sie jemals aus einem Flugzeug springen? Wie wäre es, Ihre Sachen zu packen und um die halbe Welt zu ziehen, um in eine neue Kultur einzutauchen? Wenn Ihre Antwort auf beide Fragen ein klares Ja war, dann haben Sie wahrscheinlich eine hohe Punktzahl in Ihrer Offenheit für Erfahrungen. Sie suchen das Unbekannte.

Im einen Extrem sind Menschen mit hoher Offenheit neugierig und phantasievoll. Sie gehen auf die Suche nach neuen Abenteuern und Erfahrungen. Sie langweilen sich schnell und wenden sich ihrer Kreativität zu, um neue Interessen und sogar gewagte Aktivitäten zu entdecken. Diese Menschen sind flexibel und suchen nach Abwechslung in ihrem täglichen Leben. Routine ist für sie keine Option. Am anderen Ende des Spektrums ziehen Menschen, die auf der Offenheitsskala niedrig sind, Kontinuität und Stabilität dem Wandel vor. Sie sind praktisch, vernünftig und konventioneller als ihre Mitmenschen. Veränderung ist nicht ihr Freund.

In der realen Welt liegen die meisten Menschen irgendwo zwischen diesen Gegensätzen, aber wo Sie sich auf dem Spektrum befinden, könnte viel darüber verraten, wer Sie sind und worin Sie sich auszeichnen.

Träumen Sie zum Beispiel davon, CEO zu sein oder an der Spitze Ihres Fachgebiets zu stehen? Offenheit wird mit Führungsqualitäten in Verbindung gebracht. Wenn Sie in der Lage sind, sich auf neue Ideen einzulassen, über den Tellerrand zu schauen und sich schnell an neue Situationen anzupassen, ist es wahrscheinlicher, dass Sie eine Führungskraft werden und erfolgreich sind (Lebowitz, 2016).

Es war die Entscheidung des Apple-Mitbegründers Steve Jobs, 1973 einen Kalligrafie-Kurs zu besuchen, die Jahre später zu der bahnbrechenden Typografie in Mac Computern führen sollte. Zu dieser Zeit brachte niemand Computer mit schönen Schriften in Verbindung, aber Jobs sah etwas, das niemand sonst sah. Er nahm den Kalligrafie-Kurs an, wollte die Art und Weise ändern, wie die Menschen über Computer dachten, und öffnete sich für eine neue Vision der Zukunft.

Gewissenhaftigkeit. Dies ist die Persönlichkeitseigenschaft, die Sie vorsichtig und zurückhaltend macht. Sie sind wachsam in Ihren Handlungen und denken oft zwei- oder dreimal nach, bevor Sie eine Entscheidung treffen, vor allem, wenn diese nicht in Ihren ursprünglichen Plänen vorgesehen war.

Menschen, die ein hohes Maß an Gewissenhaftigkeit haben, neigen dazu, sich extrem auf ihre Ziele zu konzentrieren. Sie planen die Dinge, konzentrieren sich auf die anstehenden Detailaufgaben und halten sich an ihre Zeitpläne. Sie haben eine bessere Kontrolle über ihre Impulse, Emotionen und Verhaltensweisen, so dass sie in der Lage sind, mehr ihrer Energie auf ihren beruflichen Erfolg zu konzentrieren. Sie leben vielleicht nicht so abenteuerlich wie ihre Altersgenossen, aber sie leben tendenziell länger, was zum Teil auf ihre gesünderen Gewohnheiten zurückzuführen ist.

Am anderen Ende des Spektrums sind Menschen, die nicht so gewissenhaft sind, eher impulsiv und desorganisiert. Sie werden durch zu viel Struktur demotiviert, können wichtige Arbeiten aufschieben und haben eine schwächere Fähigkeit, ihr Verhalten zu kontrollieren. Dies kann zu selbstzerstörerischen Angewohnheiten wie Rauchen und Drogenmissbrauch führen und zu einer allgemeinen Unfähigkeit, Dinge zu erledigen. Impulskontrolle ist für sie kein leichtes Unterfangen.

Wie gewissenhaft sind Sie also? Mögen Sie Zeitpläne bei der Arbeit, aber vermeiden Sie es trotzdem, Sport zu treiben, wenn Sie nach Hause kommen? Sie mögen einige Aspekte der Gewissenhaftigkeit, wie Zeitpläne und To-Do-Listen, und andere, wie Sport oder andere gesunde Gewohnheiten, nicht. Die meisten Menschen landen irgendwo in der Mitte des Gewissenhaftigkeitsspektrums, aber wenn Sie Wege finden können, Planung und

Ordnung ein wenig mehr zu schätzen, könnten Sie sich auf Erfolg konditionieren.

Gewissenhaftigkeit wurde mit besserem Erfolg nach dem Training (Woods, Patterson, Koczwara & Sofat, 2016), effektiverer Arbeitsleistung (Barrick & Mount, 1991), höherer Arbeitszufriedenheit und Karrieren mit größerem Prestige und höherem Einkommen in Verbindung gebracht (Judge, Higgins, Thoresen & Barrick, 1999). Eine Studie von Soldz und Vaillant (1999) fand außerdem heraus, dass ein hohes Maß an Gewissenhaftigkeit Menschen geholfen hat, sich besser den Herausforderungen des Lebens zu stellen, die unweigerlich an einen herankommen werden.

Gewissenhaftigkeit ist das Gegenmittel, das wir alle nutzen könnten, um Probleme zu vermeiden, bevor sie entstehen.

Extrovertiertheit. Dies ist die Eigenschaft, die definiert, wie kontaktfreudig oder sozial Sie sind. Extrovertierte sind leicht zu erkennen. Sie sind das Leben auf der Party, sie haben viel Energie und wissen, wie man redet. Extrovertierte ziehen ihre Energie aus dem Zusammensein mit anderen Menschen und genießen es, im Mittelpunkt der Aufmerksamkeit zu stehen. Aus diesem Grund pflegen sie einen großen Freundeskreis und nutzen jede Gelegenheit, um neue Leute kennenzulernen.

Das andere Extrem sind Menschen, die das Zusammensein mit Extrovertierten oft anstrengend finden: Introvertierte. Warum Zeit damit verbringen, sich mit großen Gruppen von Menschen zu unterhalten, wenn man mit seinen eigenen Gedanken zu Hause sein kann? Introvertierte sind nicht schüchtern; sie ziehen einfach die Einsamkeit dem geselligen Beisammensein oder die Ruhe dem Chaos vor.

Wünschen Sie sich, dass Büropartys nie enden, oder fühlen Sie sich schon nach einer Stunde ausgelaugt? Genießen Sie es, neue Leute zu treffen, oder würden Sie es vorziehen, sich zu Hause mit einem guten Buch einzukuscheln? Sind Sie ein Morgenmensch, oder wachen Sie erst wirklich auf, wenn die Sonne untergeht?

Wenn Sie oft der Letzte sind, der ein geselliges Beisammensein verlässt, Sie es genießen, unter Menschen zu sein, und Sie sich in den späten Abendstunden am wohlsten fühlen, rangieren Sie wahrscheinlich ganz oben auf der Extrovertiertheitsskala. Wenn Sie sich dagegen vor dem Gedanken, auf Partys zu gehen, fürchten, lieber allein zu Hause bleiben und lieber früh aufstehen, um den Tag zu beginnen, sind Sie wahrscheinlich eher ein Introvertierter Typ.

Je nach Tag können Sie sich für die eine oder andere Variante entscheiden. Im Großen und Ganzen bewegen sich die Menschen jedoch in der Regel irgendwo im Spektrum dazwischen.

Verträglichkeit. Dies ist die Eigenschaft, die angibt, wie freundlich und sympathisch Sie sind und wie herzlich und kooperativ Sie mit anderen sind.

Neigen Sie dazu, sich sehr für andere Menschen und deren Probleme zu interessieren? Wenn Sie sehen, dass andere in Schwierigkeiten stecken, berührt Sie das auch? Wenn Sie anderen gegenüber einfühlsam und fürsorglich sind und von dem Wunsch angetrieben werden, zu helfen, sind Sie vielleicht ein recht umgänglicher Mensch. Sie fühlen ihren Schmerz und sind getrieben, etwas dagegen zu tun.

Am anderen Ende des Spektrums können Menschen, die weniger verträglich sind, feststellen, dass sie sich weniger für das Leben anderer Menschen interessieren. Anstatt zu versuchen, gemeinsam an der Problemlösung zu arbeiten, sind sie vielleicht eher damit zufrieden, es allein zu schaffen. Sie sind nicht verträglich, weil sie fest entschlossen sind, genau das zu tun, was sie tun wollen. Aufgrund ihres Wesens werden sie oft als beleidigend oder unangenehm empfunden, wenn sie in der Nähe sind.

Wir alle haben unterschiedliche Schwellenwerte dafür, wie viel wir bereit sind, für andere zu tun und wie viel wir bereit sind, zusammenzuarbeiten. Dieser Punkt ist, wo Sie auf dem Spektrum der Verträglichkeit stehen.

Warum Menschen so verträglich sind, ist immer noch umstritten. Für die einen ist es die echte Sorge um das Wohlergehen der anderen. Für andere ist es das Ergebnis von sozialem Druck und akzeptierten Normen. Die Angst vor Konsequenzen kann ein motivierender Faktor sein. Einige verträgliche Menschen verhalten sich vielleicht so, weil sie Angst vor sozialen Konfrontationen haben. Was auch immer der Fall ist, Untersuchungen haben gezeigt, dass angenehme Menschen selten grausam, rücksichtslos oder egoistisch sind (Roccas, Sagiv, Schwartz & Knafo, 2002). Wenn Sie nach Möglichkeiten suchen, ein bisschen glücklicher zu werden, ist es vielleicht ein guter Anfang, herauszufinden, wo Sie auf dem Index der angenehmen Menschen liegen.

Neurotizismus. Wir alle haben diese Tage, an denen nichts so ist, wie es scheint. Sie denken, dass Ihre Kollegen es auf Sie abgesehen haben. Sie sind so unruhig, dass Sie nicht schlafen können. Sie fühlen sich wie in einem Woody-Allen-Film gefangen. Aber wenn Sie viele solcher Tage haben, bis zu dem Punkt, an dem Sie sich mehr niedergeschlagen als aufgeweckt fühlen, haben Sie möglicherweise hohe Werte der letzten der Big Five-Eigenschaften:

Neurotizismus. Dies ist die Persönlichkeitseigenschaft, die im Wesentlichen misst, wie emotional stabil Sie sind. Es identifiziert Ihre Fähigkeit, stabil und ausgeglichen zu bleiben, im Gegensatz zu ängstlich, unsicher oder ständig abgelenkt.

Neurotiker neigen dazu, das Leben mit einer hohen Dosis an Angst anzugehen. Sie machen sich mehr Sorgen als die meisten anderen und ihre Stimmung kann schnell wechseln. Diese Art von Verhalten kann sie anfällig für Stress oder sogar Depressionen machen.

Diejenigen, die sich auf der weniger neurotischen Seite des Spektrums befinden, neigen dazu, emotional stabiler zu sein. Wenn Stress auf sie zukommt, haben sie es leichter, damit umzugehen. Anfälle von Traurigkeit sind seltener und sie sehen weniger Gründe, sich durch alles, was auf sie zukommt, stressen zu lassen.

Verwenden Sie Humor, um eine Herausforderung zu bewältigen, oder stressen Sie Probleme eher? Sind Sie den ganzen Tag über ziemlich ausgeglichen, oder schalten Sie innerhalb eines Herzschlags von heiß auf kalt? Wenn Sie die Dinge im Griff haben und normalerweise nur eine Stimmung pro Tag haben, sind Sie wahrscheinlich weniger neurotisch als andere. Wenn Sie aber innerhalb kurzer Zeit viele Stimmungen haben und öfters ängstlich sind, sind Sie wahrscheinlich eher neurotisch.

Neurotisch zu sein, muss jedoch nicht gleichbedeutend mit Untergang und Düsternis sein. Schließlich ist es die Sorge um unsere Gesundheit, die uns dazu bringt, Vitamine einzunehmen und zur Kontrolle in die Arztpraxis zu gehen. In diesem Fall kann die Angst von Neurotikern sie tatsächlich in vielerlei Hinsicht einen Schritt voraus sein lassen.

Am Ende haben wir fünf Skalen, die sich zumindest als Hauptelemente der Persönlichkeit erwiesen haben, nach denen Sie Menschen bewerten können. Nehmen wir an, Sie beginnen mit einem neuen Geschäftspartner zu arbeiten und werden von anderen im Vorfeld gewarnt, dass diese Person sehr unhöflich und schwierig in der

Zusammenarbeit sein kann. In der Konversation bemerken Sie, dass sie ein wenig kalt und stumpf ist. Sie scheint nicht viel von sozialen Nettigkeiten zu halten. Nach einem Monat der Zusammenarbeit mit dieser Person verstehen Sie, dass dies eher eine Frage der Persönlichkeit ist - es ist ein Verhaltensmuster, das sich bei allen Menschen und in allen Kontexten zeigt.

Daran erinnern Sie sich, wenn Sie in Ihrem nächsten Meeting eine etwas kontroverse Idee vorschlagen. Ihr Geschäftspartner wirkt sofort ein wenig feindselig und nicht überzeugt. Er verschränkt die Arme, runzelt ein wenig die Stirn.

Eine andere Person hätte diese Körpersprache vielleicht für eine direkte Ablehnung ihrer Idee gehalten, aber Sie verstehen die *Persönlichkeit* dieser Person *als Basis* und können sie als das lesen, was sie ist: business as usual. Sie fahren fort, Ihren Vorschlag zu unterbreiten und sind nicht überrascht, wenn Ihr Partner schließlich begeistert zustimmt, obwohl er anfangs recht streng und unkommunikativ wirkte.

Auf diese Weise ist die Persönlichkeit ein weiterer (mächtiger) Datenpunkt, der Ihnen hilft, die Informationen, mit denen Sie im Moment konfrontiert sind, zu interpretieren und ihnen einen Sinn zu geben. Ein weiteres solches Persönlichkeitsinstrument ist der Myers-Briggs-Typenindikator (MBTI) sowie die nachfolgenden Keirsey-Temperamente.

Jung und der MBTI

Der MBTI ist eine der beliebtesten Methoden für Menschen, um sich selbst zu bewerten und zu kategorisieren - was natürlich bedeutet, dass wir ihn auch verstehen sollten, um *andere* zu kategorisieren. Insgesamt basiert der Test auf vier sehr ausgeprägten *Dichotomien*, die man sich einfach als Eigenschaften vorstellen kann, ähnlich wie das Big-Five-Modell. Manche Leute haben den MBTI mit einem Test verglichen, der rein als modernes Horoskop funktioniert. Natürlich ist kein Test narrensicher, was aber nicht bedeutet, dass er Ihnen nicht trotzdem wichtige Einblicke in den Charakter oder die Identität einer Person geben kann.

Der MBTI wurde um die Zeit des Zweiten Weltkriegs entwickelt. Myers und Briggs waren zwei Hausfrauen und beobachteten, dass viele Menschen wahllos Jobangebote annahmen. Es störte sie jedoch, dass viele dieser Menschen Jobs annahmen, die nicht unbedingt zu ihren Fähigkeiten passten. Sie kombinierten ihre Beobachtungen mit der Arbeit des Psychologen Carl Jung, der glaubte, dass Archetypen aus Modellen von Menschen, Verhalten und deren Persönlichkeiten entstanden. Er war der festen Überzeugung, dass diese Archetypen des menschlichen Verhaltens angeboren sind.

So wurde der MBTI mit der Absicht entwickelt, Menschen zu helfen, Jobs und Karrieren zu finden, die besser zu ihrer angeborenen Persönlichkeit passen. Wie bereits erwähnt, gibt es vier allgemeine Dichotomien oder Charaktereigenschaften:

- Bei der Persönlichkeit reicht das Spektrum von extrovertiert (E) bis introvertiert (I).
- Für die Wahrnehmung reicht das Spektrum von sensorisch (S) bis intuitiv (N).
- Für das Urteilen reicht das Spektrum von Denken (engl. thinking, T) bis Fühlen (F).
- Für die Umsetzung reicht das Spektrum von urteilend (engl. judging, J) bis wahrnehmend (engl. perceiving, P).

Die Idee ist, dass sich jeder entlang dieser vier Spektren messen kann und sich dann bestimmte Muster herauskristallisieren, so dass Sie in der Lage sind, Ihren Persönlichkeitstyp zu entdecken.

Die erste Dichotomie, Extroversion versus Introversion, bezeichnet sowohl die Quelle als auch die Richtung des Energieausdrucks einer Person. Beachten Sie, dass dies etwas anders definiert ist als die Big-Five-Eigenschaft der Extrovertiertheit.

Ein Extrovertierter und sein Energieausdruck finden hauptsächlich in der Außenwelt statt. In der Gegenwart und Gesellschaft anderer können Extrovertierte auftanken. Für einen Introvertierten befindet sich seine Energiequelle hauptsächlich in seiner inneren Welt. Raum für sich selbst zu haben ist ideal und kann sich als die beste Art und Weise erweisen, diesen Energieausdruck wieder aufzuladen.

Extrovertierte Menschen sind handlungsorientiert im Vergleich zu introvertierten Menschen, die eher gedankenorientiert sind. In einem Klassenzimmer zum Beispiel nehmen extrovertierte Studenten gerne an Gruppendiskussionen und Präsentationen teil. Ihre Interaktionen mit anderen Studenten sorgen für das Gefühl der Aufladung für ihren Persönlichkeitstyp. Introvertierte Schüler arbeiten lieber allein an Projekten und fühlen sich bei Diskussionen in der ganzen Klasse etwas unwohl. Sie mögen es, alleine denken zu können und auch Prüfungen alleine abzulegen.

Die zweite Dichotomie, sensorisch versus intuitiv, stellt dar, wie jemand Informationen wahrnimmt.

Wenn eine Person wahrnimmt, glaubt sie Informationen, die sie direkt von der Außenwelt erhält. Dies kann in Form der Verwendung seiner fünf Sinne - Sehen, Riechen, Tasten, Schmecken und Hören - geschehen. Entscheidungen werden auf eine unmittelbarere und erfahrungsbasierte Weise getroffen.

Jemand, der Intuition verwendet, glaubt Informationen aus einer inneren Welt - seiner Intuition - mehr als externen Beweisen. Dies geschieht in der Form, dass er ein „Bauchgefühl" hat. Er oder sie gräbt ein wenig tiefer ins Detail und versucht, Muster zu verbinden. Es kann ein wenig länger dauern, bis eine Entscheidung getroffen werden kann.

Sensorik hat mit dem Glauben an Informationen zu tun, die konkreter und greifbarer sind als Intuition, bei der es mehr darum geht, die zugrunde liegenden Theorien oder Prinzipien zu betrachten, die aus den Daten hervorgehen können. Ein Polizist wird immer Beweise und Daten verwenden, um seine Behauptungen für eine Verhaftung zu untermauern, weil diese Informationen messbar sind. Auf der anderen Seite würde ein Anwalt mehr Intuition zeigen, weil es viel mehr zu dem Kontext geben könnte, der präsentiert wird, was ihm hilft, seine Klienten zu verteidigen.

Die dritte Dichotomie, Denken versus Fühlen, hat damit zu tun, wie eine Person Informationen verarbeitet. Denken ist, wenn jemand eine Entscheidung hauptsächlich durch den Prozess des logischen Denkens trifft. Sie denken auch in greifbaren Mitteln, wobei sie sich an Regeln orientieren, um ihre Entscheidungen zu treffen.

Das Gegenteil davon ist das Gefühl, bei dem jemand lieber eine Entscheidung auf der Basis von Emotionen trifft. Bei Entscheidungen orientieren sich diese Menschen an dem, was sie schätzen, um die beste Option zu wählen. Sie können Denker als kalt und herzlos empfinden.

Nachdenken findet meist dann statt, wenn jemand alle möglichen und praktischen Gründe für eine fundierte Entscheidung abwägt. Im Grunde genommen wird jemand eine Entscheidung mit dem Verstand treffen. Fühlen ist, wenn jemand die Entscheidung aus dem Herzen heraus trifft. Menschen, die ein Haus kaufen, werden den Papierkram entweder aufgrund des Preises und des Wiederverkaufswerts unterschreiben (Denken) oder sie kaufen, um in ihrer alten Nachbarschaft zu bleiben (Fühlen).

Die vierte Dichotomie, Urteilen versus Wahrnehmen, ist die Art und Weise, wie jemand die verarbeiteten Informationen umsetzen wird.

Jemand, der urteilend handelt, organisiert seine Lebensereignisse und hält sich in der Regel später an den Plan. Diese Menschen mögen es, Ordnung und Struktur zu haben. Ihr Gefühl der Selbstkontrolle kommt daher, dass sie ihre Umgebung so gut wie möglich kontrollieren können. Beurteilende Typen nutzen normalerweise frühere Erfahrungen als Katalysator, um bestimmte Verhaltensweisen später entweder fortzusetzen oder zu vermeiden. Sie mögen es auch, Dinge geregelt und erledigt zu sehen.

Improvisation und Erkundung von Optionen ist das, was wahrnehmende Typen machen würden. Diese Menschen mögen es, Optionen zu haben und sehen Organisation als Begrenzung für ihr Potenzial. Sie mögen es, Entscheidungen zu treffen, wenn sie notwendig sind, und erforschen gerne Problemlösungen und strategisches Vorgehen. Wahrnehmende Typen werden eher im Moment leben und verstehen, dass ihnen eine Vielzahl von Optionen zur Verfügung steht, unabhängig davon, wie andere Erfahrungen in der Vergangenheit gewesen sind.

Es gibt insgesamt sechzehn verschiedene Kombinationen bzw. Persönlichkeitstypen, die sich aus den Permutationen der

Präferenzen in den genannten vier Dichotomien ergeben können. Diese helfen, einen der beiden Pole zu repräsentieren, die jeder Mensch im Sinne einer dominanten Dichotomie haben kann. Dies ist es also, was die sechzehn verschiedenen Persönlichkeitstypen definiert, da jedem ein vierbuchstabiges Akronym zugeordnet werden kann.

So würde zum Beispiel ESFJ für extrovertiert, wahrnehmend, fühlend und urteilend stehen. Diese Menschen könnten diejenigen sein, die Sie in Fernsehsitcoms sehen, die über jeden tratschen und deren Hauptziel im Leben ist, verheiratet zu sein und Kinder zu haben, nur um mit anderen Müttern in der Nachbarschaft tratschen zu können. Natürlich ist dies eine Kategorisierung, die so stereotyp ist, dass sie weh tut, aber nichtsdestotrotz kann das Beobachten und Kategorisieren von jemandem auf der Basis dieser vier einfachen Buchstaben ein tieferes Verständnis von jemandem erschließen.

Ein großes Manko ist, dass der MBTI nur Antworten gibt, die endgültig sind, und er berücksichtigt nicht die Tatsache, dass Menschen in der Regel nicht einseitig in ihren Charaktereigenschaften sind. Die Menschen sind nicht vollständig an dem einen oder anderen Ende des Spektrums. Der MBTI bietet den Menschen nur zwei Enden des Spektrums, nicht irgendetwas dazwischen. Daher können die meisten Menschen in vielen anderen Eigenschaften gemäßigt sein. Sie könnten zum Beispiel zu fünfundvierzig Prozent extrovertiert und zu fünfundfünfzig Prozent introvertiert sein, aber der MBTI würde Sie ohne Feinheiten als introvertiert bezeichnen.

Ein weiteres Manko liegt nicht im MBTI selbst, sondern in der Tatsache, dass wir uns alle im Laufe unseres Lebens verändern. Professor David Pittenger von der Marshall University fand heraus, dass bei einem erneuten Test des MBTI innerhalb kurzer Zeit bis zu fünfzig Prozent der Menschen in einen anderen Typus eingestuft werden. Im Laufe der Zeit und wie erwartet, können sich Menschen verändern. Die Ergebnisse ihres MBTI können sich innerhalb von Tagen oder Wochen ändern, abhängig von ihren Stimmungen oder Einflüssen aus ihrer äußeren und inneren Umgebung. Diese Faktoren sagen nichts über ihre tatsächlichen Persönlichkeitstypen aus.

Wie können wir diese Theorie praktisch anwenden, in unseren alltäglichen Begegnungen mit Menschen? Leider ist es gar nicht so einfach, zu erraten, was der MBTI-Typ von jemandem ist (obwohl viele Leute das mit wilder Hingabe tun!). Da wir nicht jedem, den wir treffen, eine vollständige schriftliche Version des Tests geben können, müssen wir versuchen, die groben Züge der Theorie zu nutzen, um ein allgemeines und eher ad-hoc-Verständnis von Menschen in natürlichen Kontexten zu gewinnen.

Versuchen Sie es selbst: Wenn Sie das nächste Mal jemanden kennenlernen, versuchen Sie festzustellen, ob er eher introvertiert oder extrovertiert ist (oder irgendwo in der Mitte?). Achten Sie auf die

Körpersprache, das Verhalten und alle Kontext-Hinweise, die Ihnen zur Verfügung stehen. Fragen Sie sich als nächstes, ob er wahrscheinlich eher intuitiv oder einfühlsam ist. Die taktile, praktische und direkte Person ist vielleicht eher einfühlsam als der, der das große Ganze sieht und dazu neigt, auf jede noch so einfache Frage zu sagen: „Nun, das ist kompliziert".

Um festzustellen, ob die andere Person eher zum Denken oder zum Fühlen neigt, hören Sie auf ihre Sprache, den Inhalt ihrer Rede und wohin ihr Fokus geht. Spricht sie über Fakten, Ideen, abstrakte Pläne? Oder spricht sie über Menschen und Beziehungen? Um die beurteilenden von den wahrnehmenden Typen zu unterscheiden, achten Sie auf die allgemeine Lebenseinstellung - wirkt sie locker, offen, frei? Oder haben Sie das Gefühl, dass diese Person ständig Entscheidungen trifft und immer einen Plan hat oder im Begriff ist, einen zu machen?

Das Abschätzen von Personen anhand von nur einem oder zwei dieser Aspekte reicht aus, um mögliche Persönlichkeiten einzugrenzen. Wie immer sollten Sie auf Ihre Voreingenommenheit und Annahmen achten (z. B. die Person ist nicht im Geringsten gefühlsorientiert, es ist nur eine entspannte Umgebung und sie ist massiv in Sie verknallt!). Sie könnten Ihre Theorie sofort testen, indem Sie Ihren Kommunikationsstil anpassen und die Ergebnisse beobachten.

Sie werden wissen, dass Sie mit einer eher denkenden Person sprechen, wenn sie auf eine faszinierende neue Idee von Ihnen besser reagiert, aber zum Beispiel Ihre liebenswerte persönliche Anekdote ein bisschen langweilig findet. Wenn die Person, mit der Sie im Gespräch sind, die Diskussion immer wieder zu einem endgültigen Abschluss bringen will, könnten Sie vermuten, dass sie der J-Seite näher steht als der P-Seite. Auch hier kommt es jedoch auf den Kontext an.

Man sollte auch daran denken, dass unterschiedliche Umgebungen dazu neigen, unterschiedliche Persönlichkeitsmerkmale an die Oberfläche zu bringen. Ihr

Ehepartner wird mit ziemlicher Sicherheit mehr mit einer Vorliebe für Gefühle kommunizieren, wenn er über Ihre Ehe spricht, als wenn er an seinem Arbeitsplatz ist, der nichts mit seiner Gefühls-/Denkorientierung zu tun hat.

Keirseys Temperamente

Eine beliebte Art, den MBTI zu verstehen, sind die vier Temperamente von David Keirsey. Er half dabei, die Informationen zu organisieren, die die Menschen vom MBTI erhielten, um sie von sechzehn Persönlichkeitstypen auf vier allgemeine Temperamente zu reduzieren. Innerhalb jedes Temperaments identifizierte Keirsey auch zwei Arten von Rollen, die man instinktiv und natürlich spielen könnte.

Temperament Eins: Der Beschützer

Dies kommt zustande, wenn jemand sensorisch und beurteilend ist. Diese Menschen haben das Bestreben, dazuzugehören, einen Beitrag zu ihrer

Gesellschaft zu leisten, und sind von ihren eigenen Fähigkeiten überzeugt.

Beschützer sind auch konkret und eher organisiert. Sie suchen Sicherheit und Zugehörigkeit, sind aber dennoch mit Verantwortung und Pflichten beschäftigt. Logistik ist eine ihrer größten Stärken; sie sind ausgezeichnet im Organisieren, Moderieren, Unterstützen und Kontrollieren. Ihre beiden Rollen sind Verwalter und Bewahrer.

Administratoren sind eher die proaktiven und direktiven Versionen von Beschützern. Sie sind am effizientesten beim Regulieren. Bewahrer sind die reaktiven und expressiven Versionen von Beschützern und ihr bestes Leistungsmerkmal ist das Unterstützen.

Temperament 2: Der Handwerker

Dies entsteht, wenn ein Individuum als sensorisch und wahrnehmend getestet wird. Diese Individuen leben frei und durch eine Menge aktionsreicher Ereignisse.

Handwerker sind absolut anpassungsfähig. Sie suchen normalerweise nach Stimulation und Virtuosität. Sie sind sehr darauf bedacht, eine große Wirkung zu erzielen, und eine ihrer größten Stärken ist zufällig die Taktik. Sie sind extrem geübt in der Fehlersuche, Problemlösung und Beweglichkeit. Sie haben auch die Fähigkeit, Werkzeuge, Instrumente und Ausrüstung zu manipulieren.

Handwerker haben zwei Rollen - Operatoren und Entertainer. Operatoren sind die direktive und proaktive Version der Handwerker. Sie haben eine hohe Beschleunigungskapazität und sind die aufmerksamen Handwerker und Förderer der Rollenvarianten. Entertainer sind die eher informativen und reaktiven Versionen der Handwerker. Sie haben eine hohe Improvisationsfähigkeit und sind aufmerksam für Details.

Keirsey schätzt, dass etwa achtzig Prozent der Bevölkerung als Handwerker oder Erzieher eingestuft werden.

Temperament 3: Der Idealist

Dies entsteht, wenn jemand intuitiv und fühlend ist. Diese Menschen sehen den Sinn ihres Lebens darin, anderen zu helfen und die beste Version ihrer selbst zu sein. Sie schätzen Einzigartigkeit und Individualität.

Idealisten sind abstrakt und können mitfühlend sein. Sie arbeiten daran, in fast allem Bedeutung und Sinn zu suchen. Es geht ihnen um ihr eigenes persönliches Wachstum und darum, ihre wahre Identität zu finden. Sie sind sehr gut in der Diplomatie und haben Stärken darin, andere zu befürworten, zu vereinen, zu individualisieren und zu inspirieren. Sie haben zwei Rollen - Mentoren und Fürsprecher.

Mentoren sind die proaktiven und direktiven Versionen der Idealisten. Sie sind sehr gut im Entwickeln und ihre aufmerksamen Rollenvarianten sind Berater und Lehrer. Fürsprecher sind die reaktiven und informativen Idealisten, die sehr gut vermitteln können.

Temperament 4: Der Rationalist

Dies entsteht, wenn jemand als intuitiv und denkend getestet wird. Diese Menschen haben immer den Drang, ihr Wissen zu erweitern und sie sind sehr kompetent. Sie haben normalerweise ein Gefühl der persönlichen Zufriedenheit.

Rationalisten sind objektiv und abstrakt. Sie streben danach, Meister ihres Fachs zu sein und haben Selbstkontrolle. Sie sind in der Regel mit ihrer eigenen Art von Wissen und Kompetenz beschäftigt. Strategie ist ihre größte Stärke, und sie haben die Fähigkeit, logisch zu untersuchen, zu konstruieren, zu konzipieren, zu theoretisieren und zu koordinieren. Ihre beiden Rollen sind Koordinatoren und Ingenieure.

Koordinatoren sind die proaktiven und direktiven Versionen der Rationalisten. Sie sind großartig im Arrangieren und ihre Rollenvarianten sind wahre Meister und

Feldmarschall. Ingenieure sind die reaktiven und informativen Versionen der Rationalisten.

Keirseys Temperamente haben die Fähigkeit, die Bewertung von Persönlichkeitseigenschaften um ein paar Schritte zu vertiefen als der MBTI. Sie helfen dabei, die Ergebnisse einer Person in Bezug auf andere Merkmale zu bewerten, während der MBTI sich auf jedes Merkmal einzeln konzentriert. Aber wie beim MBTI kann keine Person jemals nur ein Temperament sein. Fast jede einzelne Person wird Züge in allen Temperamenten haben, so dass es extrem schwierig wäre, nur eine Kategorie zu bestimmen.

Temperamente haben insgesamt die Fähigkeit, Menschen ein besseres Gefühl dafür zu geben, wie sie sind und was sie tun können, um ihre Persönlichkeit zu verändern. Ein Persönlichkeitstyp sagt jemandem lediglich, wie er ist, aber Temperamente schauen über diese oberflächliche Interpretation hinaus. Die Identifizierung von Temperamenten ermöglicht es Menschen, sich selbst zu bewerten und möglicherweise eine Veränderung zum Besseren vorzunehmen. Sie haben mehr Selbsterkenntnis und können sich bei Bedarf besser anpassen.

Beide Tests haben die Fähigkeit, nützliche Informationen zu liefern und Ihnen zumindest einen Ausgangspunkt für die Analyse einer Person zu geben. Abhängig von einigen vorläufigen ersten Beobachtungen könnten Sie die Art und Weise, wie Sie mit einer Person kommunizieren, die Fragen, die Sie stellen, und die Art und Weise, wie Sie sprechen, ändern. Dies könnte Ihnen dabei helfen, heimlich mehr Informationen zu sammeln, indem Sie Ihren Umgang mit einer Person im Wesentlichen als ein fortlaufendes Experiment nutzen, bei dem Sie Ihre Hypothesen über diese Person wieder und wieder testen.

Das ist nicht so herzlos, wie es sich anhört; tatsächlich werden Menschen, die von Natur aus begabt in dieser Art von Menschenkenntnis sind, von anderen oft als interessanter, sympathischer, attraktiver, intelligenter und einfühlsamer erlebt. Wenn Sie sich zum Beispiel mit jemandem unterhalten, von dem Sie vermuten, dass er ein Idealist ist, könnten Sie ihm Komplimente machen, von denen Sie wissen, dass er sie zu schätzen weiß: Sie würden ihm sagen, dass er freundlich ist oder gute Arbeit in der Welt leistet.

Wenn Sie eine Meinungsverschiedenheit mit jemandem haben, der starke Hinweise darauf gibt, dass er ein Handwerker sein könnte, könnten Sie versuchen, den Konflikt zu lösen, indem Sie auf die praktischen Vorteile verweisen, die sich daraus ergeben, anstatt an die „Logik" zu appellieren, zu versuchen, seine emotionalen Knöpfe zu drücken oder einen Appell an Konventionen oder Autoritäten zu machen.

Wir wenden uns dem letzten unserer Persönlichkeitstests im Enneagramm zu, der ähnlich wie die Temperamente von Keirsey funktioniert.

Das Enneagramm

Der Enneagramm-Test wurde in den 1960er Jahren als ein Weg für Menschen entwickelt, um *Selbstverwirklichung* zu erlangen. Der Fokus liegt vor allem auf der Selbstverbesserung, weil er die Menschen zwingt, sich ihren eigenen Fehlern frontal zu stellen. Was ihn einzigartig macht, ist, dass er darauf abzielt, das *„Wie"* und *„Warum" zu* identifizieren, anstatt das *„Was"* der Menschen zu untersuchen. Anstatt sich in die Einzelheiten zu vertiefen, ist es hilfreich, einen groben Überblick über die Arten möglicher Ergebnisse des Enneagramms zu haben und zu versuchen, sich selbst darin zu erkennen.

Es gibt neun Typen, die bei diesem Test identifiziert werden können.

Typ 1 - Der Perfektionist. Diese Typen von Menschen sind in der Regel darauf bedacht, immer Recht zu haben und verfügen über ein hohes Maß an Integrität. Sie können auch als urteilend und selbstgerecht angesehen werden. Beispiele sind Priester und Ärzte.

Typ 2 - Der Geber. Diese Menschen haben eine Sehnsucht danach, geliebt und geschätzt zu werden. Sie sind normalerweise sehr großzügig, können aber auch als manipulativ und hochmütig angesehen werden. Beispiele sind Mütter und Lehrer.

Typ 3 - Der Dynamiker. Diese Typen von Menschen lieben es, gelobt und beklatscht zu werden. Sie sind Workaholics, was sie narzisstisch und eitel machen kann. Beispiele sind Schauspieler und Studenten.

Typ 4 – Der Romantiker. Typischerweise suchen diese Typen nach einem Sinn in ihrem Leben und haben das Bedürfnis, einzigartig zu sein. Sie sind sicherlich kreativ, können aber auch launisch und temperamentvoll sein. Beispiele sind Musiker und Maler.

Typ 5 - Der Beobachter. Diese Menschen streben danach, sachkundig und kompetent zu sein. Meistens sind sie sehr objektiv, aber sie haben die Tendenz, sich abzuschotten. Ein Beispiel sind Forscher.

Typ 6 - Der Skeptiker. Diese Menschen planen sorgfältig und sind sehr loyal gegenüber allen, die ihnen etwas bedeuten. Sie stellen jedoch alles in Frage, was sie misstrauisch und paranoid machen kann. Beispiele sind Überlebenskünstler und Polizeibeamte.

Typ 7 - Der Optimist. Diese Typen lieben das Abenteuer und sind sehr energiegeladen. Sie machen aus allem das Beste, und das kann sie dazu bringen, rücksichtslos und übermütig zu sein. Beispiele sind Nervenkitzel-Sucher und Schauspieler.

Typ 8 - Der Boss. Diese Menschen müssen immer die Kontrolle haben oder Macht ausüben. Sie sind durchsetzungsfähig, was als aggressiv und extrem rüberkommen kann. Beispiele sind überhebliche Eltern oder Menschen beim Militär.

Typ 9 - Der Vermittler. Letztlich sind diese Menschen stabil und vermitteln in Situationen. Sie sind normalerweise gelassen und akzeptieren alle Dinge. Aber diese Art von naivem Verhalten kann dazu führen, dass sie negative Dinge, die um sie herum passieren, nicht bemerken. Beispiele hierfür sind Hippies und Großeltern.

Manche Menschen können ein bisschen von jedem dieser Typen aufweisen oder nur bei einigen wenigen dominanter sein. Die Durchführung des Tests ermöglicht es Menschen, sich selbst besser zu verstehen und herauszufinden, warum sie in bestimmten Situationen so handeln, wie sie es tun. Der Test zwingt Menschen dazu, sich selbst auf eine tiefere Art und Weise zu betrachten, die möglicherweise unbewusste Denkweisen freilegen kann.

Betrachten Sie diese Persönlichkeitstests als theoretische Einführung in das Lesen und Analysieren von Menschen, denn der Prozess läuft folgendermaßen ab: Verstehen Sie verschiedene Testskalen, beobachten Sie Menschen und schauen Sie dann, wo die Menschen hineinpassen könnten. Am Ende gewinnen Sie vielleicht nützliche Informationen, aber es kann auch sein, dass Sie versuchen, Menschen in falsche Kategorien zu pressen, oder dass Sie mit Ihrer Wahrnehmung insgesamt falsch liegen.

Um sicherzustellen, dass Sie diese Theorien optimal nutzen, müssen Sie daran denken, dass es sich lediglich um Modelle handelt, nicht um mehr. Modelle haben Grenzen, und sie sind immer eine zu starke Vereinfachung komplexer Phänomene. Eine Persönlichkeitstheorie oder -idee kann helfen, das komplexe Wesen Mensch besser zu erklären oder zu verstehen, aber Sie müssen bereit sein, weiterhin Daten zu sammeln und Ihre Wahrnehmungen im Laufe der Zeit anzupassen.

Nehmen wir an, die Person, die Sie gestern getroffen haben, ist Ihnen wirklich als Typ acht des Enneagramms aufgefallen, der Boss. In Ihrem gestrigen Gespräch auf der Arbeit mit ihr haben Sie ihre energische und zielgerichtete Körpersprache bemerkt -

feste Stimme, imposante Körperhaltung, Sie unterbrechend, direkter Augenkontakt, fixierter Kiefer und durchdringender Blick. Aber als Sie sie heute außerhalb der Arbeit treffen, bemerken Sie, dass ihre Körpersprache auf Sie eher ängstlich wirkt. Könnte ihre scheinbare Eindringlichkeit eine Maske sein?

Bei weiteren Gesprächen wechseln Sie das Modell und beginnen zu verstehen, dass diese Person überhaupt nicht aufdringlich ist, sondern einfach selbstbewusst und direkt in ihrer Kommunikation. Sie fangen an, sie als einen fokussierten, enthusiastischen Rationalisten zu sehen, dessen Extrovertiertheit hoch, Gewissenhaftigkeit und Verträglichkeit aber relativ niedrig sind. Wenn Sie sich unter Berücksichtigung all dieser Aspekte auf diese Person einlassen, merken Sie plötzlich, dass es bei Ihnen „Klick" macht und Sie werden bald ziemlich enge Freunde!

Fazit

- Wir beginnen unsere Reise in die Analyse von Menschen wie ein Psychologe, indem wir zunächst einen Blick auf die verschiedenen Persönlichkeitstests werfen und sehen, was wir aus ihnen herauslesen können. Es stellt sich eine ganze Menge heraus, obwohl man nicht sagen kann, dass dies endgültige Maße oder Kategorien von Menschen sind. Meistens bieten sie verschiedene Skalen und Perspektiven, durch die man Menschen unterschiedlich betrachten kann.
- Das Big-Five-Modell ist einer der ersten Versuche, Menschen anhand bestimmter Eigenschaften zu klassifizieren und nicht als Ganzes. Dies sind die Eigenschaften: Offenheit für Erfahrungen (neue Dinge ausprobieren), Gewissenhaftigkeit (zurückhaltend und vorsichtig sein), Extrovertiertheit (Energie aus anderen und sozialen Situationen ziehen), Verträglichkeit (warm und sympathisch) und Neurotizismus (ängstlich und nervös).
- Als nächstes kann der MBTI, obwohl er als Leitfaden hilfreich ist, manchmal

darunter leiden, dass Menschen ihn wie ein Horoskop behandeln und in ihren Typ das hineinlesen, was sie über sich selbst sehen wollen. Der MBTI arbeitet mit vier verschiedenen Eigenschaften und wie viel von jeder Eigenschaft Sie haben oder nicht haben. Die Eigenschaften sind im Allgemeinen introvertiert/extrovertiert (Ihre allgemeine Einstellung gegenüber anderen), intuitiv/fühlend (wie Sie Informationen wahrnehmen), denkend/fühlend (wie Sie Informationen verarbeiten) und wahrnehmend/urteilend (wie Sie Informationen umsetzen). Daraus ergeben sich sechzehn verschiedene Persönlichkeitstypen.

- Der MBTI leidet unter einigen Unzulänglichkeiten, einschließlich der Verwendung von Stereotypen, um Menschen zu klassifizieren, und dem Mangel an Konsistenz, wenn Menschen je nach ihrer aktuellen Stimmung und den Umständen anders zu bewerten sind.

- Die Keirsey-Temperamente sind eine Möglichkeit, die gleichen Informationen zu organisieren, die aus dem MBTI gewonnen werden. Hier gibt es vier verschiedene Temperamente, jedes mit zwei Rollentypen anstelle von sechzehn Persönlichkeitstypen. Die vier Temperamente sind der Beschützer, der Handwerker, der Idealist und der Rationalist. Keirsey schätzte, dass bis zu achtzig Prozent der Bevölkerung unter die ersten beiden Temperamente fallen.
- Schließlich ist das Enneagramm der letzte Persönlichkeitstest, den wir in diesem Kapitel behandeln. Es besteht aus neun allgemeinen Persönlichkeitstypen: Reformer, Helfer, Leistungsträger, Individualist, Forscher, Loyalist, Enthusiast, Herausforderer und Friedensstifter. Jeder Typ setzt sich aus einem bestimmten Satz von Eigenschaften zusammen und funktioniert auf diese Weise ähnlich wie Keirseys Temperamente.

Kapitel 4. Lügendetektion 101 (und Warnungen)

Bisher haben wir in diesem Buch über all die verschiedenen Motivationen nachgedacht, die Menschen dazu bringen, zu handeln und sich auf andere einzulassen, über all die Möglichkeiten, wie ihre Bedürfnisse ihre Kommunikation und ihre Handlungen beeinflussen können, wie das Ego in den Mix hineinspielt, und über all die vielen Möglichkeiten, wie wir „zwischen den Zeilen lesen" und den gesamten Körper berücksichtigen können, wenn wir all dem zuhören, was eine Person „sagt".

Auf diese Weise können wir uns tiefer in Menschen hineinversetzen und sie besser verstehen. Aber seien wir mal ehrlich, ein großer Teil dieses „Verstehens" kommt nicht nur aus unschuldiger Neugierde. Viele von uns haben das (berechtigte) Bedürfnis, Menschen besser zu verstehen, damit wir erkennen können, wenn sie uns manipulieren, etwas verheimlichen oder offen lügen.

Ein ausgezeichneter Menschenkenner zu sein, macht Sie zu einem großartigen Freund, Liebhaber, Elternteil oder Kollegen. Aber es schützt Sie auch vor den weniger edlen Absichten anderer. Ob es darum geht, Notlügen in Ihrem Privatleben aufzudecken, hinterhältige Dating-Taktiken zu durchschauen oder jemandem auf den Grund zu gehen, der Sie aktiv in die Irre führen will (ein großes Lob an die gesamte Werbeindustrie), die Fähigkeiten, die wir bisher betrachtet haben, können eine machtvolle Selbstverteidigungsstrategie sein.

An diesem Punkt des Buches haben Sie wahrscheinlich die Warnung satt, aber es lohnt sich, sie zu wiederholen: Beim Lesen von Menschen gibt es keine Garantien. Es gibt Beobachtungen, Theorien und beste Vermutungen, aber keine Technik garantiert hundertprozentig, dass sie bei jedem funktioniert, da wir alle unterschiedliche Verhaltensweisen, Persönlichkeiten, Hintergründe usw. haben.

Vielmehr ist das, was wir in diesem Kapitel behandeln, ein großartiger Ausgangspunkt; ein weiteres Werkzeug, das man in den Werkzeugkasten legen kann, eine weitere Linse, durch die man die Daten betrachten kann. Wir werfen einen Blick darauf, wie professionelle Lügendetektoren arbeiten, d. h. FBI- und CIA-Agenten, Vernehmungsbeamte und Polizisten, die in manchmal sehr kurzer Zeit so genau wie möglich sein müssen.

Das Problem: Ungewissheit

Genauso wie es scheint, dass jeder glaubt, ein überdurchschnittlich guter Autofahrer zu sein, scheinen die meisten Menschen zu glauben, dass sie gut darin sind, Lügner zu erkennen - obwohl sie es vielleicht nicht sind. Eine Studie aus dem Jahr 2006, die in der Zeitschrift *Forensic Examiner* veröffentlicht wurde, fand heraus, dass Menschen im Allgemeinen ziemlich schlecht darin sind, Lügner zu erkennen, und zwar unabhängig von ihrem Alter, ihrem Bildungsstand, ihrem Geschlecht oder ihrem Selbstvertrauen, wenn es darum geht, Betrug zu erkennen. Tatsächlich waren sogar professionell ausgebildete Lügendetektoren nicht besser, wenn es darauf ankam.

In einer anderen Arbeit aus dem Jahr 2006, die in der *Personality and Social Psychology Review* veröffentlicht wurde, heißt es, dass die meisten Menschen, sogar Psychologen und Richter, bei der Erkennung von Täuschungen nicht besser sind als der bloße Zufall. Einigen Schätzungen zufolge sind nur fünfzig von zwanzigtausend Menschen in der Lage, einen Lügner in mehr als achtzig Fällen zu erkennen - eine ziemlich miserable Erfolgsquote! Obwohl niemand gerne denkt, dass er besonders leicht zu täuschen ist, ist es eine Tatsache, dass ein geübter Lügner extrem überzeugend sein kann. Und genau hier setzen wir mit unserem Kapitel, wie man ein besserer menschlicher Lügendetektor wird, an: mit Vorsicht.

Das Problem ist, dass die Dinge, auf die wir uns normalerweise verlassen, um Menschen zu lesen - Gesichtsausdruck, Körpersprache, Wortwahl - immer einen gewissen Grad an Variabilität aufweisen können. Die Annahme ist, dass sich lügende Menschen alle auf die gleiche vorhersehbare Weise präsentieren, obwohl es klar ist, dass die individuellen Unterschiede so groß sind, dass diese Beobachtungstipps und -tricks nahezu nutzlos sind. Während die Techniken, die wir in den vorherigen Kapiteln besprochen haben, uns viel über die Persönlichkeit einer aufrichtigen Person verraten können, die nicht aktiv versucht, etwas zu verbergen, ist es eine andere Geschichte, wenn es um Täuschung geht.

Ein noch größeres Problem ist, dass Lügner Zugang zu allen Informationen haben, die auch Möchtegern-Lügendetektoren zur Verfügung stehen. Wenn jemand weiß, dass das Berühren seines Gesichts oft mit

Misstrauen wahrgenommen wird, kann er einfach darauf achten, es nicht zu tun. Wenn Sie es mit einer Person zu tun haben, die sehr an das Lügen gewöhnt ist oder die Geschichte, die sie Ihnen erzählt, in gewisser Weise fast glaubt, kann es sogar sein, dass sie überhaupt keine Anzeichen zeigt.

Warum sollte man sich also die Mühe machen, das Erkennen von Lügen zu lernen, wenn es so schwierig ist, es richtig zu machen? Weil es bestimmte Bedingungen gibt, unter denen die Genauigkeit der Lügenerkennung verbessert werden *kann*. Wenn wir diese Bedingungen verstehen können und realistische Erwartungen an unsere Genauigkeit haben, werden wir tatsächlich bessere Leser des Charakters und es wird wahrscheinlicher, dass wir nicht getäuscht werden.

Die Lügendetektion ist im Allgemeinen am genauesten, wenn:

- Sie haben eine solide Grundlinie des Verhaltens, mit der Sie das aktuelle Verhalten vergleichen können

- Die Person, die lügt, ist spontan, d. h. sie hatte keine Zeit, ihre Lüge einzustudieren oder sich vorzubereiten
- Die Lüge hat reale Konsequenzen, wenn sie enttarnt wird - das kann den Einsatz erhöhen und die Lügner nervöser machen

Leider gibt es kein einzelnes Indiz oder Zeichen, das ein zuverlässiger Indikator für die Unehrlichkeit einer Person ist. Eine Person kann plötzlich gesprächiger werden, eine andere kann einen kleinen Tick haben, den sie sonst nie macht, eine andere kann sehr ernst und abgelenkt werden. Außerdem, selbst wenn Sie Nervosität zuverlässig erkennen könnten, können Sie sie nicht definitiv mit einer Lüge in Verbindung bringen - die Person ist vielleicht nur nervös, weil sie weiß, dass Sie ihr misstrauen!

Wir könnten die Dinge umdrehen und die Sache aus dem anderen Blickwinkel betrachten. Anstatt zu fragen, wie wir besser darin werden können, Täuschungen zu erkennen, können wir versuchen zu verstehen, warum wir überhaupt getäuscht werden. Von diesem Standpunkt aus können wir nicht viel gegen die Existenz von Lügnern tun, aber wir können sicherlich auf *uns selbst* schauen und uns fragen, welche Aspekte unserer eigenen Persönlichkeit, unserer Überzeugungen oder unseres Verhaltens dazu führen, dass Täuschungen unbemerkt bleiben.

Für die meisten Menschen wird das Lügen als absolutes moralisches Unrecht verstanden. Wir lügen nicht gerne, aber wir hassen es auch zu denken, dass wir von einem Lügner getäuscht wurden. Wenn wir den unbewussten Glauben haben, dass uns niemand wirklich anlügen würde oder dass wir es erkennen könnten, wenn sie es täten, schonen wir unser Ego ein wenig und versichern uns selbst, dass die Welt weitgehend ein gerechter Ort ist.

Die meisten Menschen sind gut und ehrlich, und sie mögen es einfach nicht, über andere zu urteilen, sondern bevorzugen die Bequemlichkeit eines ausgedehnten Vertrauens. Wie viele von uns glauben fälschlicherweise, dass andere die gleichen moralischen Skrupel haben wie wir selbst?

Wenn wir uns unsere eigene Voreingenommenheit, unsere Erwartungen und unsere eigenen unbewussten Überzeugungen über das, was andere uns sagen, eingestehen können, haben wir eine bessere Chance, Täuschungen zu erkennen. Es ist schön, sich vorzustellen, dass man einen guten Radar für Lügner hat und eine begabte „menschliche Lügendetektormaschine" ist, aber nichts kann einer richtigen Beobachtung und Analyse so sehr im Wege stehen wie der beruhigende Glaube, dass man es schon geschafft hat. Die Methoden, die wir in früheren Kapiteln verwendet haben, um die Werte und die Persönlichkeit einer Person herauszufinden, müssen weiter entwickelt werden, um sie zum Erkennen einer Lüge verwenden zu können.

Es geht um die Konversation

Fragen Sie den Mann auf der Straße, wie man einen Lügner erkennt, und er wird Ihnen vielleicht Dinge sagen wie „seine Augen werden unruhig" oder „er schaut nach oben und nach rechts" oder „er stottert". Selbst gut ausgebildete Profis halten einige dieser Techniken für narrensicher, um Lügen zu erkennen. Aber leider ist es nicht so einfach. Sonst würden Lügen viel seltener vorkommen und niemand jemals betrogen werden. Die Wahrheit ist, dass eine gute Lügenerkennung viel weiter geht als das Erkennen von isolierten Verhaltensweisen.

Natürlich spielt die Körpersprache eine Rolle. Aber in gewisser Weise ist eine Lüge eine verbale Konstruktion - es ist eine Erzählung, die dynamisch, in Echtzeit und immer im Kontext einer anderen Person, die in einem aktiven Gespräch zuhört, präsentiert wird. Lügen zu erkennen ist mehr, als nur wie ein Falke auf ein Gesichtszucken hier oder eine verschwitzte Handfläche dort zu achten. Es geht darum, mit dem gesamten Gespräch zu arbeiten.

In einem Gespräch sind auch Sie beteiligt. Sie können Fragen stellen, die Diskussion lenken und subtil Druck auf die Person ausüben, so dass *sie Ihnen Informationen anbietet*, anstatt dass Sie sie heraussuchen müssen. Betrachten wir die Lügendetektion als eine Gesprächsfertigkeit und nicht als eine Reihe von einzelnen, statischen Beobachtungen.

Ihr Ehepartner verhält sich verdächtig und Sie fragen ihn, wo er in den letzten fünf Stunden gewesen ist. Ihr Kind erzählt Ihnen eine Geschichte, wie es sein blaues Auge bekommen hat. Oder ein Kollege bei der Arbeit erklärt Ihnen ausführlich, warum er beschlossen hat, Ihr Projekt fallen zu lassen. All dies sind lebendige, dynamische Gespräche und nicht einfach einseitige Darbietungen, die in einem Zeugenstand vorgetragen werden.

Ihre Fähigkeit, eine Lüge zu erkennen, hängt von *der Art und Weise ab, wie Sie* mit der Person *umgehen*, die die Lüge erzählt. Ihre Interaktion muss strategisch und proaktiv sein. Das erste, was Sie beachten sollten, ist die Verwendung von Fragen mit offenem Ende zu Beginn. Lassen Sie die andere Person zuerst und oft sprechen, um ihr Zeit zu geben, alle möglicherweise widersprüchlichen Fakten oder Fäden darzulegen, die Sie später entwirren können, um eine Lüge zu beweisen.

Der passend benannte Dr. Ray Bull von der Universität Derby ist ein Professor für Kriminalistik, der sich seit Jahren mit der Kunst und Wissenschaft dieser Gesprächstechnik beschäftigt und in mehreren Fachzeitschriften für Psychologie, Verhalten und Recht veröffentlicht hat. Seine wichtigste Erkenntnis ist, dass es vor allem auf die *Beziehung* zwischen Interviewer und Befragtem und den *Prozess* der Lügenerkennung ankommt.

Sie wollen Ihren Beitrag auf ein Minimum beschränken, zumindest am Anfang. Wenn Sie eigene Beweise oder Informationen haben, schweigen Sie darüber so lange wie möglich. Denken Sie daran, dass der Lügner in einer schwierigen Lage ist. Er muss Sie von einer Geschichte überzeugen, aber er weiß normalerweise nicht, was Sie wissen. Das Vorenthalten dieser Informationen reicht oft aus, um jemanden dazu zu bringen, zufällig etwas auszuplaudern, das die Sache für Sie vollständig auflöst.

Ein einfaches Beispiel: Wenn Ihr Partner Ihnen eine langatmige Geschichte darüber erzählt, wie er den Abend mit einem Freund verbracht hat, stellen Sie ihm ein paar Fragen darüber, was sie zusammen unternommen haben, was sie gegessen haben, wie das Wetter bei dem Freund war und so weiter. Beobachten Sie, was er sagt. Am Ende des Gesprächs könnten Sie verraten, dass Sie zufällig wissen, dass der Freund gerade im Urlaub ist. Indem Sie aber nicht verraten, dass Sie das wissen, geben Sie dem Lügner die Chance, seine geplante Geschichte vorzutragen und den Fehler in seiner eigenen Geschichte aufzudecken.

Achten Sie darauf, wie die Informationen im Allgemeinen präsentiert werden. Lügner bieten in der Regel einen vollständigen und sehr detaillierten Bericht auf einmal an, haben aber wenig darüber hinaus zu bieten, wenn sie befragt werden. Schließlich haben sie alles schon im Kopf einstudiert, aber keine Antworten auf Fragen, an die sie nicht gedacht haben. Menschen, die die Wahrheit sagen, neigen hingegen dazu, nicht alles auf einmal zu erzählen, und sie antworten leicht, wenn sie weiter befragt werden.

Sie könnten dies direkt ausprobieren - stellen Sie plötzlich eine zufällige und zusammenhanglose Frage, an die die Person bestimmt nicht vorher gedacht hat. Beobachten Sie dann, ob sie sich auf der Stelle etwas ausdenkt. Lügner brauchen im Allgemeinen auch länger, um auf Fragen zu antworten und machen häufiger Pausen, während sie ihre Antwort erzählen. Wer die Wahrheit sagt, hat vielleicht Schwierigkeiten, sich an ein Detail zu erinnern, aber es fällt ihm viel leichter, zu sagen: „Ich weiß es nicht", während man Lügnern oft ansieht, dass sie sich beeilen, sich irgendeinen detaillierten Blödsinn auszudenken, um ihre vermeintliche Wissenslücke zu füllen.

Wenn Sie eine Unstimmigkeit oder sogar eine glatte Lüge bemerken, lassen Sie sich das nicht anmerken. Warten Sie ein wenig und beobachten Sie. Vielleicht sehen Sie, wie der Lügner aktiv eine Geschichte vor Ihren Augen spinnt. Wenn Sie eine solche Person schließlich mit Beweisen für eine Täuschung konfrontieren, beobachten Sie weiterhin ihre Reaktion. Menschen, die beim Lügen ertappt werden, werden vielleicht wütend oder machen dicht, während eine Person, die die Wahrheit sagt, vielleicht nur ein wenig verwirrt wirkt und einfach immer wieder dieselbe Geschichte erzählt.

Dr. James Drikell ist der Leiter der Florida Maxima Corporation, die sich mit verhaltenswissenschaftlichen Themen wie Täuschungserkennung beschäftigt. Er hat einige zusätzliche Hinweise darauf, wie man die Geschichten von mehreren Personen analysieren kann, die möglicherweise an einer Täuschung mitwirken oder eben nicht. Er behauptet, dass, wenn zwei Personen gemeinsam an einer Lüge beteiligt sind, sie sich beim Erzählen ihrer Geschichte nicht absprechen und nicht auf die Erzählung des anderen eingehen, wohingegen Wahrheitssprecher dies tun. Wenn Sie zwei Menschen der Lüge verdächtigen, beobachten Sie, wie sie miteinander interagieren - ehrliche Menschen werden sich beim Erzählen der Geschichte viel wohler fühlen und mehr Initiative zeigen.

Nutzen Sie das Element der Überraschung

Versetzen Sie sich in die Lage eines Lügners (oder erinnern Sie sich an das letzte Mal, als Sie einen Schwindel erzählt haben!). Sie müssen viele kleine Details im Auge behalten und dabei ruhig und souverän wirken. Sie können sich vorstellen, dass es viel einfacher ist, Ihre Geschichte auf den Punkt zu bringen, wenn Sie vorher Zeit hatten, alles im Detail durchzugehen. Mit anderen Worten: Je mehr Zeit Sie zur Vorbereitung haben, desto mehr können Sie Ihre Nerven beruhigen und Ihre Antwort einstudieren.

Spontane Lügner sind schlimmere Lügner. Wenn Sie es so einrichten können, dass Sie die andere Person spontan befragen/ansprechen, haben Sie vielleicht eine bessere Chance, sie beim unbeholfenen und überstürzten Lügen zu ertappen. Wie bei den oben genannten Gesprächstechniken versuchen Sie nicht wirklich nur aufgrund der Körpersprache usw. zu erraten, ob die Ihnen präsentierte Geschichte wahr oder falsch ist. Vielmehr versuchen Sie, die andere Person dazu zu bringen, sich zu offenbaren und in ihrem eigenen Netz der Täuschung zu stolpern.

Wir haben bereits gesehen, dass überraschende Fragen eine Person unvorbereitet treffen können, da sie einen Lügner von seinem einstudierten Skript ablenken. Achten Sie auf plötzliche Veränderungen des Selbstbewusstseins, der Sprechgeschwindigkeit oder des Augenkontakts. Ein klassisches verräterisches Anzeichen ist, wenn eine Person auf eine direkte und einfache Ja/Nein-Frage mit einer ausweichenden Antwort antwortet.

Dies kann ein Zeichen dafür sein, dass sie versucht, Zeit zu gewinnen, um sich eine überzeugende Lüge auszudenken. Jemand, der die Wahrheit sagt, hätte keine Probleme, sofort und direkt zu antworten. Die Frage zu wiederholen oder eine langatmige, übermäßig detaillierte Antwort zu geben, ist eine weitere Möglichkeit, Zeit zu gewinnen.

Zum Beispiel:

„Hey, jemand hat mein Mittagessen aus dem Kühlschrank gegessen! Mike, hast du meine Sachen gegessen?"

„Äh, was war denn das?"

„Du weißt schon, mein Mittagessen. Ich hatte es genau hier. Ich hatte sogar einen Post-It-Zettel darauf..."

„Ja, nun, die Leute in diesem Büro können heimtückisch sein..."

„Du hast es gegessen, nicht wahr?"

„Dein Mittagessen? Nennst du mich etwa einen Lügner?"

„Und, hast du?"

„Mann, das ist ein starkes Stück. Ich kann nicht *glauben*, dass du tatsächlich denkst..."

Und so weiter!

Auch hier kommt es auf die *Art und Weise* an, wie die Geschichte präsentiert wird. Wenn Sie jemanden unvorbereitet erwischen, wird er auf einmal etwas nervös sein oder vielleicht sogar mit Wut reagieren. Achten Sie auf eine plötzliche Veränderung der Stimmung oder der

Sprache. Jemand könnte seine Panik verbergen, indem er wütend zu werden scheint („Warum stellen Sie mir so eine dumme Frage?" oder „Was? Sie wissen es nicht?").

Wenn Sie jemanden der Lüge verdächtigen und der Sache auf den Grund gehen wollen, seien Sie locker und ungezwungen und stellen Sie ihm schnell Fragen, bevor er Zeit hat, eine Geschichte zu erzählen. Wenn Sie dies tun können, sind viele Beobachtungen des Verhaltens oder der Körpersprache plötzlich viel hilfreicher - achten Sie auf Nervosität oder Versuche, sich zu verstecken, sowohl physisch als auch verbal.

Manche Menschen reagieren vielleicht plötzlich etwas beleidigt oder berufen sich auf den Schutz Gottes („Ich schwöre bei Gott!"), anstatt die Frage direkt und klar zu beantworten. Was Sie tun wollen, ist, eine Person in einem Moment der Unachtsamkeit zu erwischen und ihre Reaktion auf Fragen zu beobachten. In seltenen Fällen kann es vorkommen, dass eine Person so aufgeregt und verlegen ist, dass sie sofort in Panik gesteht.

Wie Sie die kognitive Belastung erhöhen

Die Wahrheit zu sagen ist ziemlich einfach - man muss sich nur an das erinnern, was man kann, und es laut aussprechen. Eine Lüge zu erzählen ist viel schwieriger, zumindest kognitiv gesehen. Wenn man sich an irgendwas nicht erinnert, fabriziert man aktiv eine neue Geschichte - eine, die genügend Glaubwürdigkeit haben muss. Eine großartige Methode, um Lügner dazu zu bringen, sich selbst zu verraten, ist, ihr bereits überlastetes Gehirn so lange zu belasten, bis sie einen Fehler machen und Ihnen offensichtlicher erzählen, was Sie wissen wollen.

Die beste Vorgehensweise ist, sich nicht wie in einer formellen Verhörsituation zu verhalten, in der Sie die Rolle des nüchternen Detektivs spielen. Seien Sie eher locker, aber lassen Sie die Person reden. Hören Sie genau zu und üben Sie sanften Druck auf die Teile der Geschichte aus, die ein wenig dünn erscheinen. Mit der Zeit könnte sich die Geschichte entwirren oder Sie könnten eine eklatante Unstimmigkeit finden. Wenn Sie auf diese Ungereimtheit aufbauen, könnten Sie mit noch mehr Lügen oder unüberbrückbaren Differenzen belohnt werden.

Eine sehr interessante Technik ist es, Ihr Gespräch damit zu beginnen, dass Sie direkt darüber sprechen, wie ehrlich die andere Person ist. Dies bringt die Leute dazu, später ehrlicher zu sein, oder zumindest werden Sie eine Spannung zwischen dem Wunsch, wahrhaftig zu erscheinen und dem Akt des Lügens aufdecken. Diese Spannung könnte eine Person dazu bringen, von sich aus zu gestehen oder zumindest ihre Lüge zu verschleiern.

Der kanadische Forscher Jay Olson hat ausführlich über Überzeugungskraft geschrieben, und es hat sich herausgestellt, dass überzeugende Techniken sehr effektiv eingesetzt werden können, wenn man versucht, Täuschungen zu entlarven. Es macht Sinn - Sie könnten versuchen, passiv eine Lüge in einer anderen Person zu entdecken, oder Sie könnten aktiv die Wahrheit aus ihr herausmassieren, indem Sie intelligente und gezielte Fragen, Taktgefühl und Überzeugungstaktiken einsetzen.

Wenn Sie die kognitive Belastung erhöhen, geben Sie der anderen Person im Wesentlichen zu viel zum Nachdenken, sodass ihre Lüge zerfällt. Eine zweckdienliche Technik ist es, selbst etwas Unwahres zu sagen und die Reaktion der Person zu beobachten. Dadurch erfahren Sie nicht nur, wie die Person auf Unwahrheiten reagiert, sondern die zusätzliche Information ist ein weiterer Teil des Puzzles. Machen Sie das ein paar Mal, wechseln Sie zwischen wahr und falsch, und verlangen Sie so von dem Lügner, dass er unmittelbar geistig viel jongliert.

Sie können die Person auch bitten, eine Geschichte zu erzählen, von der Sie bereits wissen, dass sie wahr ist, so dass Sie heimlich ihre Darstellung mit der möglichen Lüge vergleichen können. Dies ist hilfreich, wenn Sie die Person nicht gut kennen, aber eine Grundlinie für ihr normales Verhalten erhalten möchten.

Stellen Sie unerwartete Fragen, die dazu führen, dass sie die einstudierte Geschichte vorübergehend aufgibt. Wenn sie wieder darauf zurückkommen, hat sie vielleicht selbst die Details vergessen. Nehmen Sie einen unbedeutenden Teil der Geschichte und wiederholen Sie ihn mit einem zusätzlichen Stück, das Sie hinzugefügt haben, oder einem kleinen falschen Detail. Schauen Sie, was sie tut. Wenn sie wirklich denkt, dass Sie nur einen Fehler gemacht haben, wird sie sich vielleicht aus Bequemlichkeit auf die Behauptung einlassen.

Sie haben Ihr ganzes Leben lang normale, natürliche Gespräche geführt - versuchen Sie zu sehen, ob Sie irgendeine Steifheit, Unbeholfenheit oder Unnatürlichkeit in der vorgetragenen Geschichte erkennen können. Wenn Sie in der Konversation schon weit fortgeschritten sind und sich die ersten Risse zeigen, könnten Sie sogar anfangen, direkt auf die Konsequenzen anzuspielen, wenn Sie beim Lügen erwischt werden. Das kann eine Person verwirren und stressen, ihre kognitiven Ressourcen schwächen und es immer wahrscheinlicher machen, dass sie einen Fehler macht oder etwas wirklich Belastendes sagt.

Beobachten Sie schließlich, wie Emotionen während eines Gesprächs ausgedrückt werden. Joe Navarro, Ex-FBI-Agent und Experte für Verhöre, unterstreicht die Bedeutung von Verhaltensclustern und nicht von Einzelbeobachtungen. Hinter der kognitiven Tatsache der Lüge steckt eine *Emotion*: Schuldgefühle, Nervosität, Angst oder sogar ein heimlicher Nervenkitzel darüber, mit der Sache durchzukommen (von Eingeweihten „Dupers Delight" genannt).

Lügen können oft mit einer Art von kühler, ruhiger Distanziertheit präsentiert werden. Sie sehen vielleicht, dass die Person hier und da vorsichtig ein bisschen vorgetäuschte Emotionen hinzufügt, um einen Effekt zu erzielen, aber wenn Sie die Person gut kennen, können diese Ausdrücke irgendwie ein bisschen daneben wirken - entweder die Emotion scheint verzögert, zeitlich seltsam abgestimmt, dauert zu lange oder ist von unangemessener Intensität.

Das liegt daran, dass die kognitive Belastung, die mit dem Erzählen einer großen Lüge einhergeht, den echten Ausdruck von Emotionen beeinträchtigen kann. Eine Person, die mit ihrer eigenen Lüge zu kämpfen hat, wird viele der Anzeichen und Hinweise zeigen, von denen Navarro spricht: geschürzte Lippen, den Körper abwenden, den Nacken oder das Gesicht berühren oder lüften, d. h. Dinge tun, um sich abzukühlen, wie z. B. den obersten Knopf eines Hemdes öffnen oder Haare aus dem Nacken und Gesicht streichen.

Wenn Sie die kognitive Belastung erhöhen, indem Sie komplexe und verwirrende Fragen stellen, können Sie damit rechnen, dass mehr Emotionen auftauchen. Bohren Sie weiter nach Einzelheiten. Eine gute Möglichkeit, das Zusammenspiel zwischen Emotionen und der kognitiven Belastung beim Erzählen einer fiktiven Geschichte zu beobachten, ist, direkt nach Emotionen zu fragen. Viele Menschen proben Details, planen aber nicht im Voraus, wie sie emotional reagieren werden (d.h. so tun als ob!).

Zum Beispiel könnte der FBI-Agent fragen, wie sich jemand gefühlt hat, als er eine Leiche „entdeckt" hat. Die Person braucht vielleicht eine Weile, um zu antworten (weil sie diese Information nicht in ihre Lüge eingebaut hat), oder sie antwortet ohne Emotion oder mit einer sehr wenig überzeugenden Darstellung. Derjenige, der die Wahrheit sagt, wird fast augenblicklich auf eine echte Art und Weise antworten können und dabei oft die gleiche Emotion zeigen.

Neben dem Stellen von Fragen kann die kognitive Überlastung auch auf eine andere Weise genutzt werden, um Lügen aufzudecken. Aufgrund des hohen kognitiven Aufwands, der für das Erfinden und Aufrechterhalten einer Erzählung erforderlich ist, schenkt unser Gehirn anderen Aspekten der Weitergabe von Details weniger Aufmerksamkeit. Wenn zum Beispiel ein Ehepartner versucht, darüber zu lügen, wo er den ganzen Tag war, wird er seine Erklärung wahrscheinlich auf eine Weise erzählen, die frei von Emotionen ist. Details darüber, wie er Zeit mit Freunden verbracht hat, die normalerweise in einem fröhlichen und glücklichen Ton oder auf eine fröhliche Art und Weise erzählt würden, werden sich beim Lügen in eine Reihe von objektiven Aussagen verwandeln, von denen der Sprecher losgelöst ist. Dies geschieht, weil der Lügner nicht gleichzeitig objektiv in seiner Lüge und emotional sein kann, wenn es um die Details der Lüge geht. Versuchen Sie daher, die Emotionen zu bemerken, die eine Person zusammen mit ihrer Erzählung vermittelt, und analysieren Sie, ob sie wirklich mit dem übereinstimmen, was sie sagt. Wirkt die Erzählung einstudiert? Wären Sie ausdrucksstärker gewesen als die Person, während Sie die gleichen Details erzählten? Fragen wie diese können Ihnen helfen, Lügen besser zu analysieren.

Die Kehrseite dieser stimmlichen Loslösung von ihrer Erzählung ist, dass die emotionalen Hinweise dann deutlicher in ihrer Körpersprache zum Ausdruck kommen. Es ist für jeden, selbst für geübte Lügner, außerordentlich schwierig, bestimmte nonverbale Hinweise zu verbergen, wenn sie lügen, und das sind diejenigen, die man in Gruppen erkennen muss, um definitiv zu schließen, dass jemand lügt. Einige, wie z.B. Gesichtsausdrücke, lassen sich leichter verbergen. Studien zeigen jedoch, dass Lügen aufgrund der Angst und der Schuldgefühle, die Lügner normalerweise empfinden, Erregung hervorrufen (es sei denn, sie sind Psychopathen). Dies macht Menschen anfälliger für nonverbale Verhaltenshinweise als sie es normalerweise wären. Zum Beispiel blinzeln Menschen häufiger, wenn sie aufgrund von Erregung lügen. Sprachstörungen, Versprecher, Pupillenerweiterung, sind weitere Anzeichen für das Lügen. Außerdem korreliert die Häufigkeit dieser Anzeichen auch direkt mit der Komplexität der Lüge. Wenn also eine Person viel häufiger blinzelt als im Durchschnitt, ist das Ausmaß ihrer Lüge wahrscheinlich auch groß.

Es gibt also zwei Möglichkeiten, wie Sie kognitive Überlastung nutzen können, um Lügen zu erkennen. Sie können geduldig Löcher in seine Geschichte stoßen, indem Sie strategisch die richtigen Fragen stellen, oder Sie können versuchen, bestimmte Verhaltenshinweisen zu beobachten, die Lügen und kognitive Überlastung begleiten. Noch besser ist es, wenn Sie beides zusammen verwenden, um zu genaueren Schlussfolgerungen zu gelangen.

Allgemeine Tipps für eine überdurchschnittlich gute Lügendetektion

- Lehnen Sie sich zurück und lassen Sie die andere Person freiwillig Informationen geben, anstatt sie aus ihr herauszuziehen. Geben Sie nicht zu früh - oder gar nicht - preis, was Sie wissen.
- Bleiben Sie entspannt und kausal. Was Sie beobachten, ist nicht die Person selbst, sondern die Person, wie sie sich in einer quasi-interrogativen Situation mit *Ihnen* befindet. Lassen Sie es also nicht wie ein Verhör wirken, sonst beobachten Sie vielleicht nur, wie sie

sich wegen der Situation selbst verzweifelt fühlt.
- Kümmern Sie sich nicht um einzelne Zeichen und Hinweise wie das Berühren der Nase, den Blick nach rechts oben oder das Stottern. Achten Sie vielmehr darauf, wie die Person im Allgemeinen auf *Veränderungen* im Gespräch reagiert, insbesondere an Stellen, an denen Sie glauben, dass sie eine Geschichte aus dem Stegreif zusammenbasteln muss.
- Achten Sie auf Geschichten, die ungewöhnlich lang oder detailliert erscheinen - Hörer verwenden mehr Wörter und sprechen vielleicht sogar schneller.
- Nehmen Sie sich Zeit. Es kann eine Weile dauern, bis Sie eine Täuschung aufdecken. Aber je länger die andere Person redet, desto größer ist die Chance, dass sie einen Fehler macht oder sich in ihrer Geschichte verheddert.
- Achten Sie vor allem auf Ungereimtheiten - Details der Geschichte, die nicht zusammenpassen, emotionale Ausdrücke, die nicht zur Geschichte passen, oder abrupte Wechsel in der Art, wie die Geschichte erzählt wird. Wenn Sie sich unterhalten

und dann plötzlich still und ernst werden, wenn Sie eine bestimmte Frage stellen, ist das sicherlich aufschlussreich.
- Interpretieren Sie das Gespräch immer im Hinblick auf das, was Sie bereits wissen, den Kontext und andere Details, die Sie in Ihren Interaktionen mit dieser Person beobachtet haben. Es geht darum, Muster zu erkennen und dann zu versuchen, festzustellen, ob Unterbrechungen in diesem Muster auf etwas Interessantes hinweisen.
- Haben Sie keine Angst, Ihrem Bauchgefühl zu vertrauen! Ihr Unterbewusstsein hat vielleicht einige Daten aufgenommen, die Ihr bewusster Verstand noch nicht wahrgenommen hat. Treffen Sie keine Entscheidungen allein aufgrund Ihrer Intuition, aber verwerfen Sie sie auch nicht zu schnell.

Fazit

- Die beiläufige Beobachtung von Körpersprache, Stimme und verbalen Hinweisen kann helfen, ehrliche Menschen zu verstehen, aber wir brauchen ausgefeiltere Techniken, die uns helfen, Lügner zu erkennen.

- Die meisten Menschen sind nicht so gut darin, eine Täuschung zu erkennen, wie sie glauben. Voreingenommenheit, Erwartung und der Glaube, dass wir nicht belogen werden können oder sollten, können uns daran hindern, zu erkennen, dass wir getäuscht werden.
- Gute Lügenerkennung ist ein dynamischer Prozess, der sich auf das Gespräch konzentriert. Verwenden Sie offene Fragen, um Personen dazu zu bringen, freiwillig Informationen preiszugeben, und beobachten Sie. Achten Sie auf übermäßig wortreiche Geschichten, die auf einmal vorgetragen werden, auf Ungereimtheiten in der Geschichte oder emotionale Betroffenheit, auf Verzögerungen oder Vermeidung bei der Beantwortung von Fragen oder auf die Unfähigkeit, unerwartete Fragen zu beantworten.
- Lügner sind leichter zu erkennen, wenn sie spontan lügen - versuchen Sie, dem Lügner keine Zeit zu geben, sich vorzubereiten oder ein Skript einzustudieren. Stellen Sie selbst unerwartete Fragen oder platzieren Sie eine Lüge, um seine Reaktion zu beobachten und eine Basis zu erhalten,

mit der Sie die mögliche Lüge vergleichen können.
- Eine zunehmende kognitive Belastung kann dazu führen, dass ein Lügner seine Geschichte durcheinanderbringt oder den Überblick über Details verliert und sich in einer Lüge offenbart. Seien Sie misstrauisch, wenn Details nicht zusammenpassen, wenn Emotionen nicht mit dem Inhalt übereinstimmen oder wenn die Person absichtlich Zeit schinden will.
- Achten Sie auf bestimmte Anzeichen dafür, dass eine Person kognitiv überfordert ist. Ein Beispiel ist, dass der Lügner beim Sprechen weniger Emotionen zeigt, als er selbst oder eine durchschnittliche Person in dieser Situation normalerweise zeigen würde. Diese Emotionen schlagen sich stattdessen in der Körpersprache nieder. Am häufigsten äußert sich dies in häufigerem Blinzeln, Pupillenerweiterung, Sprachstörungen und Versprechern.
- Das Erkennen von Lügnern ist bekanntermaßen schwierig, aber wir verbessern unsere Chancen, wenn wir uns auf strategische und gezielte

Gespräche konzentrieren, die darauf ausgerichtet sind, den Lügner dazu zu bringen, über seine eigene Geschichte zu stolpern, anstatt zu versuchen, versteckte Absichten allein aus der Körpersprache zu erraten.

Kapitel 5. Die Macht der Beobachtung nutzen

In diesem Kapitel werden wir vieles von dem aufgreifen, was wir bereits behandelt haben, aber mit einem zusätzlichen Element: Zeit. Mit genügend Zeit ist es möglich, jemanden wirklich gut kennenzulernen, egal ob Sie ein guter Leser von Menschen sind oder nicht. Aber die Wahrheit ist, dass wir manchmal nicht viel Zeit haben. Manchmal müssen wir den Charakter von Menschen schnell einschätzen, innerhalb von Minuten oder sogar Sekunden.

Hier werden wir uns Möglichkeiten ansehen, wie wir Menschen einschätzen können, ihr Verhalten beobachten, sie sprechen hören und sie effektiv „kalt lesen" können, und zwar von Grund auf, mit sehr wenigen Kontext-Hinweisen. Jeder hat die sogenannten Hellseher und Medien gesehen, die mit den Toten kommunizieren. Das Medium wirft einen vagen und offenen Hinweis in die Runde und sieht, wer ihn aufgreift. Dann kommen sie der Sache ein wenig näher... wenn die Person in der zweiten Lebenshälfte ist, machen sie eine vage Anspielung auf ein Kind oder einen Ehepartner, da sie wissen, dass die meisten Menschen in diesem Alter Ehepartner oder Kinder haben. Je nach der subtilen Reaktion auf diesen Leckerbissen kommen sie noch näher...

Die Idee hinter diesem Prozess ist die Detaillierung und nicht das Ergebnis (d.h. Menschen vorzugaukeln, dass Sie mit verstorbenen Verwandten kommunizieren). Es gibt in der Tat einige wissenschaftlich unterstützte Methoden, um ziemlich genaue Schnellurteile über

Menschen zu fällen - wenn man weiß, wie man sie anwendet.

So verwenden Sie das „Thin Slicing" oder „Dünne Scheiben Schneiden"

In der Psychologie versteht man unter Thin Slicing die Fähigkeit, Muster zu finden, indem man nur sehr kleine Datenmengen verwendet, d.h. „dünne Scheiben" des Phänomens, das man zu beobachten versucht - in unserem Fall eine Person und ihr Verhalten. Der Begriff wurde 1992 von den Psychologen Nalini Ambady und Robert Rosenthal im *Psychological Bulletin* geprägt, aber es handelt sich um ein philosophisches und psychologisches Konzept, das es schon länger gibt. Die Idee besteht darin, mit sehr wenigen Hinweisen genaue Vorhersagen über zukünftiges Verhalten zu treffen.

Bestimmte psychologische Studien haben gezeigt, dass sich die Genauigkeit der

Einschätzung von Menschen über andere nicht über die erste Einschätzung hinaus verbessert, die sie innerhalb der ersten fünf Minuten machen. Das könnte entweder bedeuten, dass sich der erste Eindruck nie ändert, oder dass Menschen wirklich alles, was sie wissen müssen, innerhalb weniger Augenblicke erfassen können.

Untersuchungen von Albrechtsen, Meissner und Susa im Jahr 2019 zeigten, dass „Intuition" (d. h. Schnellurteile) in vielen Fällen besser als der Zufall war, um Voreingenommenheit oder Täuschung bei anderen zu erkennen. Interessanterweise schnitten sie auch besser ab als Personen, die die Situation kühl überlegt und bewusster einschätzten.

Können Sie dieselbe Fähigkeit nutzen, um die Menschen um Sie herum besser einzuschätzen?

Ein wesentlicher Aspekt von Schnellurteilen ist, dass sie weitgehend unbewusst sind - das ist einer der Gründe, warum sie so schnell sein können. Malcolm Gladwell schrieb das berühmte Buch *„Blink: Die Macht des Moments"*, in dem er diese unbewussten Tendenzen erforschte. Zum Beispiel konnten einige Kunstexperten sofort erkennen, dass eine neue Skulptur irgendwie nicht ganz richtig war, auch wenn sie nicht sagen konnten, warum. Später wurde festgestellt, dass die Skulptur eine Fälschung war.

Ein berühmtes Beispiel ist das von John Gottman, der behauptet, mit fünfundneunzigprozentiger Genauigkeit sagen zu können, ob ein Paar in fünfzehn Jahren noch zusammen sein würde, nur indem er sie ansieht. Seltsamerweise *sank* seine Genauigkeit auf neunzig Prozent, wenn er mehr Zeit mit der Beobachtung des Paares verbrachte - was darauf hindeutet, dass die genauesten Einschätzungen zu einem frühen Zeitpunkt gemacht werden.

Wie können wir Thin Slicing in unseren eigenen Versuchen nutzen, um die Menschen um uns herum besser zu lesen und zu verstehen? Könnte es wirklich sein, dass Intuition und Bauchgefühl unsere eher rationalen, überlegten und bewussten Bemühungen, eine Entscheidung oder ein Urteil zu begründen, übertreffen?

Ja und nein. Nalini Ambady fand außerdem heraus, dass sich unser emotionaler Zustand auf die Genauigkeit dieser Schnellurteile auswirken kann: Es zeigte sich, dass Traurigkeit die Genauigkeit der Menschen bei der Beurteilung anderer Menschen verringert, vielleicht weil sie eine bewusstere Informationsverarbeitung fördert.

Früher im Buch haben wir uns bemüht, Voreingenommenheit und Vorurteile zu untersuchen, und wie diese reflexartigen Reaktionen unsere Fähigkeit, Menschen richtig zu lesen, tatsächlich beeinträchtigen können. Wie passt also die obige Untersuchung zusammen? Gute Menschenleser nutzen typischerweise *beide* Prozesse und sind sich dieser Tatsache bewusst, indem sie den einen nutzen, um die potenziellen Einschränkungen des anderen auszugleichen.

Es kann zum Beispiel sein, dass Sie ein Vorstellungsgespräch in einem neuen Unternehmen führen und sofort, innerhalb der ersten Minute oder so, ein „schlechtes Gefühl" gegenüber der Person, die das

Gespräch führt, und dem Ort im Allgemeinen bekommen. Sie können nicht sagen, warum, aber irgendetwas fühlt sich falsch an. Sie bekommen ein zweites Vorstellungsgespräch angeboten. Sie gehen hin und verpflichten sich, unvoreingenommen zu sein und so viele Daten wie möglich zu sammeln, aber Sie halten sich mit Schlussfolgerungen noch zurück. Da Sie Ihr anfängliches Bauchgefühl respektieren, erkundigen Sie sich subtil über die Rolle, die Sie ausfüllen werden. Sie werden mit einer ausweichenden Körpersprache, einigen Anzeichen von Täuschung und Lügen und einer Geschichte, die nicht ganz zusammenpasst, konfrontiert.

Aus diesem Grund recherchieren Sie ein wenig und erfahren schließlich von einem Freund in Ihrem Netzwerk, dass die Person, die gerade von der Stelle gefeuert wurde, für die Sie sich bewerben, entlassen wurde, weil sie sexuelle Belästigung gemeldet hatte - und zwar von jemandem, der immer noch dort arbeitet und schließlich Ihr direkter Vorgesetzter sein würde. Hier können Sie sehen, wie Bauchgefühl und sorgfältiges, überlegtes Denken zusammen verwendet werden, um zu einer guten Entscheidung zu kommen, wobei eines das andere informiert.

Richter nutzen es (oft als „Gerichtssinn" bezeichnet), Militär und Polizisten nutzen es, Feuerwehrleute und Ersthelfer nutzen es, und Menschen haben es genutzt, um romantische Partner zu finden, ob sie nun Speed-Dating betreiben oder nicht. Intuition ist mächtig und oft zutreffend, aber wenn wir sichergehen wollen, dass wir nicht einfach nur einer unbewussten Voreingenommenheit nachgeben (d.h. nach „Beweisen" suchen, um das bereits gefällte Urteil zu bestätigen und alles andere verwerfen), dann müssen wir auch bewusste Entscheidungen treffen.

Wenn Sie es mit jemandem zu tun haben, der neu ist, versuchen Sie nicht, gleich zu viel darüber nachzudenken. Achten Sie einfach darauf, was Ihre spontane Reaktion ist, und lassen Sie sich dann sanft zu einer tieferen und bewussteren Analyse führen. Lassen Sie sich Raum, um erste Eindrücke zu hinterfragen, aber schieben Sie Ihre instinktive Reaktion nicht beiseite, auch wenn Sie sie nicht ganz erklären können!

Intelligente Beobachtungen machen

Wie Sie sich vorstellen können, hängt die Qualität der Beurteilungen, die Sie aus Ihrer dünnen Scheibe machen, sehr davon ab, was diese Scheibe beinhaltet. Wenn Ihnen eines Tages jemand begegnet, während Sie beim intensiven Joggen in Gedanken versunken sind, wäre es nicht fair, wenn er auf der Grundlage der wenigen Daten, die er in diesen wenigen Sekunden zu Gesicht bekam, eine komplette Beurteilung vornehmen würde.

Aber welche Daten sollten Sie *dann* verwenden?

In den ersten Momenten, in denen Sie jemanden treffen, lassen Sie Ihr Gehirn das tun, was es von Natur aus tut - schnelle Urteile fällen, die unterhalb der Schwelle Ihres bewussten Bewusstseins liegen. Aber im weiteren Verlauf können Sie auf bewusstere Beobachtungsmethoden zurückgreifen. Sie können Ihre Verarbeitung verlangsamen und sich bewusst auf die Dinge konzentrieren, die sie sagen, die Worte, die sie benutzen, die Bilder, die sie teilen. Im weiteren Verlauf dieses Kapitels werden wir uns ansehen, ob Dinge wie E-Mails und soziale Medien uns wirklich etwas über eine Person verraten können, und wie man nicht nur die Art und Weise, wie Menschen sprechen, sondern auch ihre tatsächliche Wortwahl entschlüsselt.

Achten Sie auf die Worte, die die Leute benutzen

Wahrscheinlich tun Sie dies bereits, ohne sich dessen immer bewusst zu sein. Hat die Art und Weise, wie jemand eine Textnachricht geschrieben hat, schon einmal dazu geführt, dass Sie weniger von der Person gehalten haben? Haben Sie sich schon einmal von jemandes besonderer Wortwahl überzeugen lassen oder die Stimmung, den Bildungsstand, das Geschlecht oder die Persönlichkeit von jemandem nur anhand seiner E-Mail-Signatur erraten?

Eine Studie aus dem Jahr 2006, die in der Zeitschrift *Social Influence* veröffentlicht wurde, fand heraus, dass Obszönität und Fluchen den Effekt haben, dass die Menschen den Sprecher für intensiver und überzeugender halten - aber interessanterweise hat es keinen Einfluss auf die wahrgenommene Glaubwürdigkeit. Eine verwandte Studie im *Journal of Research in Personality* hat herausgefunden, dass die Sprache von Textnachrichten eine Menge über eine Person verraten kann, zum Beispiel korrelieren mehr Personalpronomen (ich, mich, mein) mit Extrovertiertheit, Neurotizismus korreliert mit Wörtern mit negativen Emotionen und Verträglichkeit mit mehr Wörtern mit positiven Emotionen.

Die Wortwahl von Menschen kann Ihnen auch einen Einblick in ihre geistige oder körperliche Gesundheit geben. Menschen, die dazu neigen, eher neurotisch zu sein, verwenden viel mehr anregende Formulierungen, wenn sie etwas Negatives sagen. Wenn sie sich zum Beispiel über etwas ärgern, werden sie nicht einfach sagen, dass sie die Sache, die sie geärgert hat, nicht mögen. Stattdessen verwenden sie eine schärfere Sprache, z.B. sagen sie, dass sie diese Sache „satt haben" oder „hassen". Umgekehrt neigen positivere Menschen dazu, ihre Beschreibungen von Dingen zu mäßigen und verwenden nur selten Wörter wie „hassen", „ekelhaft" usw. Wenn Sie bemerken, dass jemand ständig auf scheinbar unbedeutende Dinge mit Worten reagiert, die auf akuten Kummer hindeuten, liegt ein tieferes Problem vor.

Wie wir im vorherigen Kapitel über das Erkennen von Lügen gesehen haben, neigen Menschen, die lügen, dazu, dies nicht nur in ihrer Körpersprache zu zeigen, sondern auch in den tatsächlich gesprochenen Worten, die sie verwenden. Lügner neigen dazu, mehr zu sprechen (das alte „zu viel protestieren") und mehr Sinnwörter (d.h., die mit Sehen, Anfassen usw. zu tun haben) und weniger Personalpronomen zu verwenden (vielleicht um sich unbewusst zu distanzieren oder anderen subtil die Schuld zu geben).

Vor Ort kann dies so aussehen, dass die Person verdächtige Anstrengungen unternimmt, um eine verworrene Geschichte zu erzählen - ein klares Zeichen dafür, dass die Geschichte möglicherweise erfunden ist. Im Wesentlichen wird die Person, die die Lüge erzählt, zu Geschichten übergehen, die leichter zu überblicken und weiterzugeben sind. Sie vermeidet möglicherweise die Verwendung von Kausalbegriffen (z. B. „X hat dies und jenes wegen Y getan, und das hat dazu geführt, dass Z passiert ist ..."), da diese im Gehirn etwas komplexer zu speichern sind als eine einfache Aneinanderreihung von Ereignissen.

Jeder Politiker, Motivationsredner oder Marketingexperte wird Ihnen sagen, dass die Worte, die Sie verwenden, einen gewaltigen Unterschied machen. Aber was diese bewusst und mit Absicht tun, tun viele von uns unbewusst. Unsere Wortwahl ergibt sich einfach aus unseren tieferen Werten, unserer Persönlichkeit, unseren Vorurteilen, Erwartungen, Überzeugungen und Einstellungen.

Eine Sache, auf die Sie achten sollten, ist, ob eine Person komplexe Terminologie verwendet, wenn diese nicht explizit benötigt wird. Studien zeigen, dass Menschen, die in ihren alltäglichen Gesprächen untypische Wörter verwenden, ohne es zu übertreiben, eher beliebt sind und gut ankommen, weil sie als intelligent erscheinen. Wenn Sie jedoch bemerken, dass jemand unnötigerweise im Fachjargon spricht, wenn er es nicht nötig hat, spiegelt dies das verzweifelte Bestreben wider, als jemand wahrgenommen zu werden, der klug und sachkundig ist. Dies ist nützlich zu wissen, wenn Sie jemanden analysieren, der sich in einer Autoritätsposition befindet, wie z. B. ein Politiker, ein Finanzberater, ein Chef usw. Wenn er zu viel Jargon verwendet, wissen Sie, dass Sie ihm nicht trauen können, oder wenn er Ihr Chef ist, dass Sie es zu Ihrem Vorteil nutzen können.

Vielleicht fällt Ihnen auch auf, dass eine Person fast ausschließlich militärische oder jägerische Terminologie verwendet, wenn sie über Verabredungen spricht - ein unbewusstes Eingeständnis, wie sie das andere Geschlecht wirklich sieht. Jemand, der ständig „wir" verwendet, wenn er Sie gerade erst kennengelernt hat, versucht, Ihnen etwas zu sagen - dass er Sie auf seiner Seite sieht oder zumindest möchte, dass Sie das sind.

Auf der anderen Seite zeigt eine Person, die fast ausschließlich in „Ich"-Aussagen spricht, wo ihr Fokus wirklich liegt. Achten Sie auf die Art und Weise, wie Menschen Ereignisse aneinanderreihen, oder wie sie Ursache und Wirkung zuordnen. Jemand könnte zum Beispiel sagen: „Er hat seine Gefühle verletzt", anstatt zu sagen: „Ich habe seine Gefühle verletzt", was Ihnen zeigt, wie diese Person ihre eigene Schuld an der Situation sieht. Jemand, der Ihnen beiläufig erzählt, dass sein „alter Sack schwanger ist", kommuniziert zweifellos eine ganz andere Botschaft als jemand, der Ihnen sagt, dass „wir" in Erwartung sind.

Wie Sie sich vorstellen können, ist dies ein undurchsichtiges Gebiet, und das Entschlüsseln der Wortwahl von Menschen ist mehr Kunst als Wissenschaft. Sie müssen diese Daten in einen größeren Zusammenhang bringen, den Sie zu finden versuchen, und dabei lokale sprachliche Konventionen, Alter, Klasse, Sprachbehinderungen, die Formalität des Kontexts, das Bildungsniveau oder einfach nur Exzentrizität berücksichtigen.

Aber es gibt Richtlinien, die Sie befolgen sollten, und Wege, die Sie erkunden können. Berücksichtigen Sie die folgenden Fragen bei Ihrem nächsten Gespräch:

- Verwendet die Person viele Pronomen oder spricht sie hauptsächlich über andere? Die Finanzanalystin Laura Rittenhouse ist der Meinung, je öfter das Wort „ich" in jährlichen Aktionärsbriefen vorkommt, desto schlechter ist die Leistung eines Unternehmens insgesamt.
- Sind die Worte sehr emotional und dramatisch oder schlicht, neutral und nur auf Fakten basierend?
- Gibt es eine Menge Jargon oder Fachsprache? Was ist deren Funktion?
- Verwendet die Person eine Menge aufgeplusterte Wörter, wenn einfachere Terminologie funktionieren würde? Warum?

- Flucht die Person viel? Was sagt Ihnen das über die anderen Daten, die Sie gesammelt haben?
- Was sagt ihr Wortschatz über das jeweilige Modell oder den Bezugsrahmen aus, den sie verwenden? Nennen sie zum Beispiel eine Meinungsverschiedenheit einen „Angriff" oder bezeichnen sie Mitarbeiter als „Kollegen"?
- Verwendet die Person Wörter, von denen sie weiß, dass Sie sie nicht verstehen - oder Wörter, die nur Sie und sie selbst verstehen? Warum? Schafft sie Solidarität und Vertrautheit oder versucht sie, Sie in einem Machtspiel auszuschließen?
- Werden Pronomen wie du, deins, ihr verwendet, um jemandem die Schuld zu geben, die Aufmerksamkeit auf jemand anderen zu lenken oder zu manipulieren?
- Ahmt die Person Ihre Sprache nach - wiederholt sie kleine Phrasen oder Wörter, die Sie verwenden? Dies könnte ein Zeichen dafür sein, dass sie nach Zustimmung und Harmonie sucht.

Lesen Sie Menschen wie Sherlock Holmes einen Tatort liest

Wir haben bereits gesehen, dass wir eine Person auch dann lesen können, wenn wir nur Zugang zu kleinen Informationsfragmenten haben, wie zum Beispiel ihrer Stimme. Auf die gleiche Weise ist das Lesen von Menschen etwas, das Sie tun können, indem Sie einfach auf das schauen, was direkt vor Ihnen ist. Können Sie alle Punkte verbinden und *wirklich* die Person hinter all diesen kleinen Hinweisen, Andeutungen, Zeichen *sehen*?

Was gibt es Besseres als ein Foto, eine buchstäbliche Momentaufnahme von nur einem Sekundenbruchteil eines größeren, volleren Lebens? Man kann enorm viel über eine Person sagen, wenn man ihre Fotos liest. Dacher Keltner und LeeAnne Harker von der University of California in Berkley untersuchten College-Jahrbuchfotos von Dutzenden von Frauen, die alle, wie Sie sich vorstellen können, lächelten.

Aber es gab zwei verschiedene Arten des Lächelns - ein „Duchenne"- oder echtes

Lächeln und ein sogenanntes „Pan-Am"-Lächeln. Beim echten Lächeln hob sich das ganze Gesicht, die Augen schlossen sich und um Mund und Nase bildeten sich Linien. Das aufgesetzte oder erzwungene Lächeln erschien nur um den Mund herum und reichte weder bis zu den Augen noch beeinflusste es die Muskeln im Rest des Gesichts.

Interessanterweise sprachen die Forscher viele Jahre später wieder mit den Frauen auf den Fotos und fanden heraus, dass diejenigen mit einem echten Lächeln auf ihren Bildern eher verheiratet und allgemein glücklicher waren und sich einer besseren Gesundheit erfreuten als diejenigen mit dem erzwungenen Lächeln. Wenn *jedes* Bild, das Sie von jemandem sehen, zeigt, wie er ein Lächeln erzwingt, anstatt wirklich glücklich zu sein, können Sie daraus schließen, dass die Person nicht besonders glücklich ist (oder sie ist ein Model, oder sie hasst es, fotografiert zu werden - der Kontext ist wichtig!)

Wenn ein Psychologe oder Psychiater ein Erstgespräch mit einem neuen Klienten führt, gehört zu seiner Beurteilung auch das äußere Erscheinungsbild. Es mag nicht ganz fair erscheinen, Menschen auf diese Weise nach ihrem Aussehen zu beurteilen, aber Psychologen achten bei ihren Beobachtungen tatsächlich auf ganz bestimmte Dinge - ist die Person ungekämmt und ungepflegt? Ist sie exzentrisch gekleidet oder mit wenig Rücksicht auf das Wetter oder den Anlass?

Ob es uns gefällt oder nicht, Kleidung sagt viel über eine Person aus, denn niemand von uns kleidet sich neutral. Unsere Kleidung ist eine Möglichkeit, eine Identitätsaussage darüber zu machen, wer wir sind und wie wir von anderen gesehen werden wollen. Sie ist ein mächtiges Mittel, um unsere sexuelle und geschlechtliche Identität, unsere Kultur, unser Alter, unseren sozioökonomischen Status, unsere Berufe, unsere einzigartige Persönlichkeit und sogar so etwas wie unsere Religionszugehörigkeit zu kommunizieren.

Wahrscheinlich lesen Sie schon eine Menge über Aussehen, aber versuchen Sie, etwas bewusster zu sein, wenn Sie das nächste

Mal jemandem begegnen, über den Sie mehr wissen möchten. Die Psychologin Dr. Jennifer Baumgartner ist der Meinung, dass es sogar eine „Psychologie der Kleidung" geben sollte –das Einkaufsverhalten von Menschen und die Kleidung, die sie tragen, verrät viel über ihre Motivationen, Werte und Selbstwahrnehmung. Sie verrät uns, wo wir in der Welt hingehören, unseren Status und das Bedeutungssystem, das wir mit unserem Aussehen verbinden:

- Erstens, vergessen Sie alle „Regeln" darüber, was gute Kleidung, sexy Kleidung, professionelle Kleidung und so weiter ist. Das ist alles relativ. Schauen Sie stattdessen auf die Kleidung der Person und wie sie zur Umgebung passt. Eine Person, die darauf besteht, feinen Schmuck und weiße Schuhe auf einer Baustelle zu tragen, sendet zum Beispiel eine klare Botschaft über ihre Prioritäten und Werte.
- Achten Sie auf den allgemeinen Grad der Mühe und Sorgfalt. Der Stil von jemandem ist vielleicht nicht nach Ihrem Geschmack, aber achten Sie darauf, ob er sich Mühe gegeben hat

oder nicht. Ein Mangel an Sorgfalt und Aufmerksamkeit kann ein Zeichen für ein geringes Selbstwertgefühl oder eine Depression sein.
- Achten Sie auf bewusst gewählte Zeichen von Status oder Prestige - bemüht sich die Person, einen weißen Kittel, eine Uniform, ein Ehrenabzeichen oder ähnliches anzulegen? Was ist mit Indikatoren für Reichtum oder Macht? Dies gibt Aufschluss über das Selbstkonzept einer Person und ihre Werte.
- Obwohl kulturelle Faktoren berücksichtigt werden müssen, zeigt eine Person, die Kleidung benutzt, um die Aufmerksamkeit auf ihre Sexualität zu lenken (besonders in unangemessenen Kontexten), dass ihr Sexappeal ein großer Teil ihrer Identität ist.
- Jemand, der überwiegend Arbeitskleidung trägt, auch außerhalb der Arbeitszeiten, kommuniziert, dass seine Identität mit seiner Arbeit verbunden ist. Dies könnte auch auf Eltern zutreffen, die zu Hause bleiben - eine Mutter, die

feste Schuhe, alte Strumpfhosen und einen fleckigen Kapuzenpulli trägt, könnte Ihnen auf nicht ganz so subtile Weise mitteilen, dass die Bedürfnisse ihrer Familie höher stehen als ihr Bedürfnis, ihre Individualität auszudrücken!
- Formalere Kleidung geht typischerweise mit größerer Gewissenhaftigkeit einher, während das Tragen dunklerer Farben ein Indikator für Neurotizismus sein kann. Viele Accessoires können auf Extrovertiertheit hindeuten (erinnern Sie sich an die Weihnachtsdekoration?).

Heim und Besitz - Erweiterungen der Persönlichkeit

In der ländlichen Provence, Frankreich, gibt es eine alte Tradition, entweder eine, zwei oder drei Zypressen am Eingang eines Hauses zu pflanzen, um zu signalisieren, wie bereit die Bewohner sind, Gäste zu empfangen. Drei Bäume bedeuteten, dass ein müder Reisender für etwas Wohltätigkeit und ein warmes Bett einkehren konnte, zwei bedeuteten, dass die Bewohner einen gerne füttern und tränken würden, aber nur einer bedeutete, dass man Abstand halten sollte.

Auf diese Weise mit anderen zu kommunizieren, ist offensichtlich nicht nur eine französische Sache. Einige Untersuchungen, die 1989 im *Journal of Environmental Psychology* durchgeführt wurden, legen nahe, dass Amerikaner, die Weihnachtsdekorationen im Außenbereich verwenden, ihren Nachbarn Freundlichkeit und ein Gefühl des Gruppenzusammenhalts vermitteln wollen und tendenziell geselliger sind. Wenn Sie jemanden zu Hause besuchen, beobachten Sie den Ort genauso wie die Art und Weise, wie er sich kleidet, seine Körpersprache oder seine Wortwahl - schließlich ist ein Haus eine Erweiterung unserer Persönlichkeit.

Ist das Haus „offen" und einladend? Gepflegt oder ein wenig vernachlässigt? Achten Sie auf Anzeichen von Geselligkeit - Gästebereiche, Überlegungen, die für Besucher gemacht wurden. Eine Person mit einem kahlen und übermäßig sauberen

Haus kann Ihnen etwas über ihren Neurotizismus verraten. Jemand, der viel teures Dekor und vergoldete, gerahmte Fotos von sich selbst mit Prominenten zur Schau stellt, sagt Ihnen, worauf er Wert legt - Prestige und Reichtum.

Stellen Sie sich ein Zuhause als den einen Ort auf der Welt vor, an dem sich Menschen am wohlsten, sichersten und am meisten wie sie selbst fühlen. Ein Zuhause - vor allem intimere und persönlichere Räume wie das Bad oder das Schlafzimmer - ist ein Raum, den wir uns nach unseren Bedürfnissen und Werten selbst gestalten.

Fragen Sie sich, was es in einem bestimmten Raum übermäßig viel gibt? Wenn eine Person eine Menge Bilder mit ihrer Familie aufhängt oder einen Stapel Bücher in ihrem Zimmer hat, können Sie leicht erkennen, dass dies Dinge sind, die ihr wichtig sind. Alternativ dazu ist das Fehlen von Dingen in einem Haus auch ein großer Indikator für die Persönlichkeit einer Person. Ist die Einrichtung zu karg? Sind nur wenige persönliche Gegenstände ausgestellt? Gibt es zu viel leeren Raum im

Haus? Es ist möglich, dass die Person, die Sie analysieren, einfach ein Minimalist ist, aber dies können auch problematische Hinweise sein, die entweder auf eine schlechte psychische Gesundheit, das Fehlen sozialer Bindungen oder ein allgemein geringes Selbstwertgefühl hinweisen.

Das Zuhause ist auch der Ort, an dem wir unsere Ansprüche zeigen - achten Sie darauf, wie Menschen dekorieren, wofür sie Geld ausgeben und was sie weglassen, und woher ihre Inspiration kommt. Was sagt Ihnen ihre Auswahl darüber, wie sie sich selbst sehen oder wie sie von anderen gesehen werden wollen? Natürlich bietet eine Person, die nur für ein Jahr zur Miete wohnt, vielleicht weniger Anhaltspunkte, und ein Familienhaus zeigt Ihnen vielleicht eher die gesamte Familienkultur als die einzelnen Persönlichkeiten, die es ausmachen, aber es sind alles Daten!

In Sam Goslings Buch *„Snoop: What your stuff says about you" (Was Ihre Sachen über Sie aussagen)* erklärt er, dass man sogar die politischen Neigungen einer Person anhand ihrer Schlafzimmereinrichtung erraten kann. Er fand heraus, dass amerikanische Konservative dazu neigen, mehr organisatorische Gegenstände und konventionelle Dekoration wie Flaggen und Sportutensilien zu haben. Ihre Zimmer waren besser beleuchtet und ordentlicher als die der Liberalen, deren Schlafzimmer mehr Bücher und CDs, Kunstutensilien, Schreibwaren und kulturelle Erinnerungsstücke enthielten. Räume, die von Liberalen bewohnt werden, neigen auch dazu, bunter zu sein. Wenn ein Raum sauber und übermäßig ordentlich ist, ist der Bewohner wahrscheinlich konservativ, weil er von Natur aus zu Gewissenhaftigkeit neigt. Auf der anderen Seite schreien liberale Räume nach Offenheit und Kreativität, weil ihre Bewohner es nicht mögen, in Routine und Ordnung gezwängt zu werden.

Natürlich gibt es ausgeprägte regionale Unterschiede, und was in einem Teil der Welt als aufgeräumt, schön dekoriert oder modern empfunden wird, kann in einem anderen Teil der Welt ganz anders wahrgenommen werden - das sollte man berücksichtigen. Andererseits ist das Erkennen von Diskrepanzen zwischen einem Haus und der lokalen Umgebung selbst eine Informationsquelle - was bedeutet es, wenn eine Familie ein Haus bauen will, das nicht wie das des Nachbarn aussieht, oder Bräuche aus einem völlig fremden Land übernimmt?

Laut Gosling können Besitztümer und Artefakte grob in drei Kategorien eingeteilt werden:

- Die Objekte, die einen **Identitätsanspruch** erheben - **Gegenstände**, die unsere Persönlichkeit, unseren Wert oder unser Identitätsgefühl direkt zeigen. Ornamente, Poster, Auszeichnungen, Fotos, Schmuck und Verzierungen (denken Sie an ein goldenes Kreuz um den Hals oder ein Keltenknoten-Tattoo). Schauen Sie sich den Raum an und fragen Sie sich: Wer wohnt hier? Was für ein Mensch besitzt diesen Gegenstand?
- Objekte, die als **Gefühlsregulatoren** fungieren - Dinge, die Menschen helfen, ihren eigenen emotionalen

Zustand zu verwalten. Ein inspirierendes Zitat, ein Bild von einem geliebten Menschen, sentimentale Gegenstände. All dies verrät Ihnen, was die Person am meisten schätzt und wertschätzt.

- Schließlich Gegenstände, die **Verhaltensrückstände** sind - das sind die Dinge, die im normalen Verlauf des Lebens zurückbleiben. Das können Dinge sein wie ein Stapel alter Wodkaflaschen in der Ecke, ein unvollendetes Buch, das auf dem Sofa liegt, ein halbfertiges Bastelprojekt auf dem Esszimmertisch. Diese geben Ihnen einen netten Einblick in die Gewohnheiten und Verhaltensweisen der Menschen.

Das Leben eines Menschen so zu lesen, wie Sie seine Körpersprache oder Stimme lesen, ist nicht schwer - es erfordert nur Aufmerksamkeit. Beobachten Sie alles. Welche Radiosender hören sie im Auto, und was sind ihre Autoaufkleber? Was ist ihr Benutzername und ihr gewähltes Desktop-Hintergrundbild? Schauen Sie sich Brieftaschen, Schuhe, Fotos, Sportgeräte,

Haustiere, konsumierte Speisen und Getränke und Lesestoff an. Diese kleinen Dinge können viel aussagen... wenn Sie genau hinhören.

Wie man das Verhalten von Menschen online lesen kann

Heutzutage wissen die Menschen, dass sie nicht alles glauben sollten, was sie online sehen, und dass das Bild, das jemand von sich selbst in den sozialen Medien darstellt, sehr wenig mit dem zu tun haben kann, wie er wirklich ist. Aber ist es trotzdem möglich, sich die Social-Media-Konten und das Online-Verhalten einer Person anzuschauen und ein wenig darüber zu erfahren, wer sie als Mensch wirklich ist? Die Antwort lautet: Ja!

Zunächst einmal müssen Sie sich nicht einmal die sozialen Medien ansehen, um sich ein Bild von der Online-Persönlichkeit einer Person zu machen - beginnen Sie mit ihren E-Mails. Neben der Wortwahl und der allgemeinen Sprache (die wir bereits behandelt haben), sollten Sie einen Blick auf die Zeitstempel werfen, wann eine Person Ihnen normalerweise E-Mails schickt. Eine oder zwei E-Mails zu später Stunde haben wahrscheinlich nichts zu bedeuten, aber wenn Sie regelmäßig E-Mails in den frühen Morgenstunden erhalten, könnten Sie vermuten, dass Sie es mit einer Nachteule zu tun haben.

Na und, oder? Tatsächlich kann der Chronotyp einer Person - oder ihr einzigartiges zirkadianes Rhythmusmuster - etwas über ihre Persönlichkeit aussagen. Untersuchungen von Michael Breus haben ergeben, dass Menschen, die früh aufstehen, aber vor 22 Uhr einschlafen, eher extrovertiert, ehrgeizig und sozial orientiert sind. Diejenigen, die Nachteulen sind, haben eine etwas höhere Rate an Persönlichkeitsmerkmalen, die als „dunkle Triade" bezeichnet werden - Narzissmus, Machiavellismus und Psychopathie.

Es bedeutet nicht, dass die Person, die Ihnen samstagabends spät eine SMS schreibt, ein Psychopath ist - vielmehr kann es sein, dass sie eher introvertiert, ängstlich und kreativ ist, wenn Sie Hinweise auf ein *Muster* haben, dass sie eine Nachteule ist. Diejenigen, die einen sehr unregelmäßigen

Schlafrhythmus haben, sollen einen ganz anderen Chronotyp haben; diese Leichtschläfer können leicht gestresst werden und neigen dazu, ängstlicher und gewissenhafter zu sein als andere Typen.

Aber zurück zu den sozialen Medien - mit Hunderten Millionen von Menschen, die Seiten wie Facebook und Instagram nutzen, wäre es eine Schande, diesen Aspekt des menschlichen Verhaltens zu ignorieren. Wenn Sie sich fragen, ob Sie dem, was eine Person in den sozialen Medien teilt, vertrauen können, um etwas Echtes über sie zu erkennen, dann wird Sie eine Studie von Beck und Kollegen aus dem Jahr 2010 über Studenten und ihr Verhalten in den sozialen Medien interessieren.

Die Forscher gaben 236 Studenten einen Persönlichkeitstest, um ihre „Big 5"-Persönlichkeitsmerkmale einzuschätzen, und einen weiteren Test, der ihre idealisierte Persönlichkeit messen sollte, d.h. ein Bild von der Art von Person, die sie gerne sein würden. Das letzte Puzzleteil war, Fremde zu bitten, einen Blick auf die Social-Media-Profile der Studenten zu werfen und einige Einschätzungen über ihre Persönlichkeiten abzugeben.

Das vielleicht überraschendste Ergebnis war, dass die Menschen tatsächlich eher ihr wahres und nicht ihr idealisiertes Selbst in den sozialen Medien zeigten. Mit anderen Worten: Die Menschen waren meist ehrlich und direkt, wenn es darum ging, wer sie in den sozialen Medien sind. Die Ergebnisse der Studie müssen jedoch mit Vorsicht interpretiert werden - die Einschätzungen der Menschen waren nur in groben Zügen vorhanden. Einige Persönlichkeitsmerkmale sind in den sozialen Medien schwieriger zu erkennen. Zum Beispiel kann Neurotizismus schwer erkennbar sein, und Gewissenhaftigkeit und Extrovertiertheit sind offensichtlicher.

Können soziale Medien also etwas über eine Person aussagen? Zum größten Teil, ja. Wie bei allen anderen Informationen, die wir analysieren, um zu versuchen, Menschen zu verstehen, müssen wir bedenken, dass es sich nur um einen Bruchteil der Daten (eine dünne Scheibe) handelt und dass Muster wichtiger sind als einzelne Ereignisse.

Worte können manchmal leicht das Urteilsvermögen vernebeln, da sie online in der Regel mit mehr positiven oder negativen Emotionen behaftet sind. Die Art der Bilder, die eine Person postet, insbesondere ihr Profilbild, kann Ihnen jedoch helfen, sie einigermaßen genau auf der Big-5-Skala einzuordnen. Studien zeigen, dass eine Person, die einen hohen Wert für Offenheit oder Neurotizismus hat, in der Regel Bilder zur Schau stellt, die nur sie mit einem neutralen statt positiven Gesichtsausdruck zeigen. Personen, die hoch auf der Skala von Gewissenhaftigkeit, Verträglichkeit und Extrovertiertheit stehen, haben eher Bilder mit Lächeln und positiven Emotionen. Die beiden letztgenannten Kategorien zeigen auch in der Regel mehr bunte und emotional laute Fotos als die anderen Gruppen.

Es lohnt sich auch, daran zu denken, dass das Wissen über den *idealisierten* Charakter einer Person tatsächlich eine Menge über ihren aktuellen Charakter verrät. Genauso wie ein Haus voller Reise-Kuriositäten und Landkarten an den Wänden verrät, dass die Person gerne reist, sind soziale Medien voller Reiseschnappschüsse nur eine gezieltere Art, anderen mitzuteilen: „Ich möchte, dass ihr mich als viel gereist seht."

Menschen am Arbeitsplatz lesen

Es ist die heimliche Angst eines jeden Bewerbers - dass der Erfolg des Vorstellungsgesprächs vielleicht nur von diesen wenigen Sekunden der Begrüßung und des Händedrucks abhängt und von nichts anderem. Wir haben gesehen, dass der erste Eindruck bei der Beurteilung von Menschen eine große Rolle spielt, und alle alten Ratschläge scheinen sich zu bewahrheiten. Zum Beispiel kann der Händedruck einer Person eine Menge über sie verraten.

Eine Arbeit aus dem Jahr 2011 in der Zeitschrift *Social influence* versuchte herauszufinden, ob Händeschütteln Menschen helfen könnte, andere besser zu beurteilen. Sie baten die Teilnehmer, die Persönlichkeit von fünf Personen zu bewerten, nachdem sie diese getroffen hatten, wobei die Hälfte der Teilnehmer einen Händedruck und die andere Hälfte keinen Händedruck machte. Es stellte sich heraus, dass die Gruppe, die sich die Hände schüttelte, die Gewissenhaftigkeit anderer Menschen besser einschätzen konnte als die Gruppe, die sich nicht die Hände schüttelte. All die Geschäftsleute, die auf persönliche Treffen bestehen, sind vielleicht doch auf etwas aus!

Wenn Sie versuchen, jemanden einzuschätzen und die Gelegenheit haben, ihm die Hand zu schütteln, achten Sie auf diese wenigen entscheidenden Momente: Ein schlaffer „toter Fisch"-Händedruck kann einiges bedeuten, z. B. ein geringes Selbstwertgefühl, Desinteresse oder Unverbindlichkeit. Schwitzige Handflächen können ein Zeichen für Angst sein, obwohl dies nicht immer der Fall ist - manche Menschen haben einfach von Natur aus schwitzige Handflächen.

Achten Sie darauf, wer das Schütteln initiiert. Diejenigen, die sich nahe heranlehnen und zu stark drücken, versuchen, die Situation zu kontrollieren, vielleicht sogar, das Treffen irgendwie zu dominieren. Wenn eine Person versucht, ihre Hand so anzuwinkeln, dass ihre

Handfläche mehr zum Boden zeigt, versucht sie symbolisch, „obenauf" zu kommen und die Situation zu beherrschen oder Sie zu kontrollieren.

Wie bei einer Umarmung sollten Sie darauf achten, wer zuerst mit dem Schütteln aufhört - ein sofortiges Zurückziehen ist ein Zeichen von Widerwillen oder Zögern, während ein längeres Verweilen und Schütteln ein Zeichen dafür sein kann, dass jemand versucht, Sie zu überreden oder zu beruhigen. Wenn Ihnen jemand eine zierliche, schlaffe Hand zum Schütteln anbietet, fast so, wie eine Königin ihrem Untertan die Hand zum Kuss anbieten würde - nun, das spricht für sich selbst!

Ein beidhändiger Händedruck (eine zweite Hand wird über den Händedruck gelegt) wird verwendet, um Aufrichtigkeit zu demonstrieren, wird aber eigentlich eher von Politikern oder Diplomaten verwendet, die *versuchen*, aufrichtig zu wirken - der Effekt kann im täglichen Leben ein wenig herablassend wirken.

Im Allgemeinen gilt: Je offener, warmer und angenehmer der Händedruck, desto extrovertierter und angenehmer ist die Person. Extrovertiertheit ist die Eigenschaft, die sich am leichtesten am Händedruck erkennen lässt. Selbst wenn sich der Händedruck einer Person nicht richtig anfühlt, sollten Sie jedoch auf andere situative Hinweise achten, bevor Sie irgendwelche Schlüsse ziehen.

Interessanterweise lautet der Ratschlag, wenn Sie versuchen, die Persönlichkeit eines Kollegen oder potenziellen Mitarbeiters einzuschätzen, dessen Lebenslauf zu ignorieren und sich die sozialen Medien anzusehen. Es mag nicht fair erscheinen, dass Menschen vorschnelle Urteile über die Social-Media-Accounts anderer fällen, aber es gibt einige Hinweise darauf, dass dies tatsächlich eine genaue Methode sein kann - nicht nur, um die Persönlichkeit zu beurteilen, sondern auch, um zu sehen, wie jemand im Job auftreten könnte.

Der Forscher Don Kluemper bat Menschen, die Persönlichkeiten der Social-Media-Konten von Fremden zu bewerten. Anschließend untersuchte er die Inhaber von Social-Media-Konten und ihre allgemeine Arbeitsleistung und fand heraus, dass diejenigen, die als gewissenhafter, angenehmer und intellektuell neugieriger wahrgenommen wurden, tatsächlich besser in ihrem Job abschnitten. Wir haben bereits in einer früheren Studie gesehen, dass die Selbstdarstellung von Menschen in sozialen Medien eigentlich ziemlich ehrlich ist. Was diese Studie uns sagt, ist, dass die Eigenschaften, die wir anderen mitteilen, alles beeinflussen, einschließlich unserer beruflichen Leistung.

Falls Sie sich fragen, ob ein super lässiges Partyfoto von jemandem im Club gegen ihn spricht: Das allgemeine Ergebnis ist, dass ... nun ja, der Kontext zählt. Profile werden positiv bewertet, wenn sie zeigen, dass die Person breit gefächerte Interessen, Reiseerfahrung, viele Freunde und interessante Hobbys hat - ein Student mit ein paar „Partybildern", die mit allem anderen vermischt sind, könnte also tatsächlich als eine vielseitige, authentische Person angesehen werden.

Auf jeden Fall sagen uns diese Studien etwas Wichtiges: dass einige der vielversprechendsten Quellen für aufschlussreiche Informationen über die Menschen, mit denen wir arbeiten, nicht dort zu finden sind, wo man sie konventionell erwarten würde.

Beobachtung kann aktiv sein: Wie man Fragen verwendet

Der berühmte griechische Philosoph Aristoteles sagte einst: „Sich selbst zu kennen ist der Anfang aller Weisheit", und der Gründervater der Vereinigten Staaten von Amerika Benjamin Franklin schien ähnliche Gedanken zu vertreten: „Es gibt drei Dinge, die extrem hart sind: Stahl, ein Diamant und sich selbst zu kennen." Der eine sagt, dass Selbsterkenntnis die Wurzel der Weisheit ist, der andere, dass Selbsterkenntnis ein schwer zu erreichender Zustand ist.

Natürlich geht es in diesem Buch nicht unbedingt um Selbsterkenntnis, aber wir wissen, dass der Prozess, Selbsterkenntnis zu erlangen, ähnlich ist, wie Menschen besser lesen und analysieren zu können. Es ist auch genau so schwierig.

Dieser Abschnitt konzentriert sich darauf, was wir über andere herausfinden können, indem wir ihnen unmittelbar *indirekte* Fragen stellen. Von dort aus können wir anhand ihrer Antworten viel über Menschen lernen. In vielerlei Hinsicht spiegelt es wider, was wir durch den gleichen Prozess über uns selbst verstehen können.

Wie erlangen Menschen typischerweise Selbsterkenntnis? Der Fokus liegt darauf, dass Menschen sich einfache und direkte Fragen stellen, die hoffentlich auf Erkenntnisse hinweisen, die gerade außerhalb unseres bewussten Wissens liegen. Typischerweise stellen sie sich wieder Fragen wie: „Was macht mich glücklich und erfüllt?" Solche direkten Fragen sind als eher mittelmäßiger Ausgangspunkt zu betrachten, denn diese Fragen zwingen Sie dazu, zu schweifen und eine Antwort aus dem Nichts zu kreieren. Sie führen oft zu keiner anderen Erkenntnis als zu hübschen Plattitüden. Sie könnten lügen oder die Frage sogar auf wenig hilfreiche Weise interpretieren.

Versuchen Sie ernsthaft, die vorherige Frage so zu beantworten, dass sie Ihnen tatsächlich einen Sinn und eine Richtung gibt. Wie wäre es, wenn man Sie etwas fragt wie: „Auf welchen Teil Ihrer Woche freuen Sie sich am meisten?" oder „Was würden Sie tun, wenn Sie im Lotto gewinnen würden und sich aussuchen könnten, wie Sie Ihre Zeit verbringen?" oder „Was ist Ihre liebste Art von Langzeiturlaub?" Diese Fragen entlocken konkrete Antworten - spezifische Teile von Ihnen oder anderen Menschen -, mit denen Sie arbeiten können und die Sie zu vertiefen versuchen. In Wirklichkeit fragen wir nach den Verhaltensweisen von Menschen, die die beste Grundlage für das Verständnis von Menschen darstellen. Gedanken und Absichten sind wichtig, aber letztlich sind sie für unsere Zwecke nutzlos, wenn sie nie in die Tat umgesetzt werden.

Und tatsächlich, dies ist die Einführung in die Analyse von Informationen über Personen, und diese sind von Natur aus mehrdeutig und nicht endgültig.

Indirekte Fragen; direkte Informationen

Und so bietet dieses Kapitel eine neuartige Möglichkeit, Menschen zu analysieren. Durch unschuldiges Befragen können wir eine Vielzahl von Informationen aufdecken, die eine ganze Weltanschauung oder eine Reihe von Werten repräsentieren. Was wäre zum Beispiel, wenn Sie jemanden fragen würden, woher er seine Nachrichten bezieht und welchen Fernsehkanal, welche Publikationen, welche Zeitschriften und welche Experten oder Moderatoren er bevorzugt? Das ist ein Paradebeispiel für eine indirekte Frage, die Ihnen eine Menge über die Denkweise der Person verrät. Es erfordert ein wenig Extrapolation und Vermutungen, aber zumindest gibt es eine konkrete Information, auf die man sich stützen kann, und viele konkrete Assoziationen dazu.

Wir beginnen dieses Kapitel mit einigen dieser indirekten Fragen, bevor wir noch mehr in die Tiefe gehen, indem wir Menschen nach ihren Geschichten fragen und sehen, was wir aus diesen herauslesen können. Diese Fragen sind so formuliert, dass sie herausfordern und zum Nachdenken anregen. Sie fordern die Menschen auf, tiefer einzutauchen, so dass wir beginnen können, ihre Verhaltens- und Denkmuster zu verstehen.

1. Für welche Art von Preis würden Sie am härtesten arbeiten, und welche Strafe würden Sie am härtesten vermeiden?

Die Antwort auf diese Frage kann helfen, das wahre Motiv hinter dem Antrieb eines Menschen zu identifizieren. Was treibt Menschen jenseits der oberflächlichen Dinge wirklich an? Was ist ihnen wirklich wichtig? Und welche Art von Schmerz oder Vergnügen ist für sie vordergründig? Was ist auf einer instinktiven Ebene wirklich am wichtigsten, sowohl im positiven als auch im negativen Sinne? In gewisser Weise spiegelt diese Antwort auch Werte wider.

Zum Beispiel wollen Glücksspieler alle einen Preis: den Jackpot. Sie versuchen immer und immer wieder - sei es mit Rubbellosen oder an Spielautomaten - den großen Preis zu gewinnen. Sind sie motiviert, ihre Verluste zurückzugewinnen? Hoffen sie, unvorstellbar reich zu werden? Wollen sie es tatsächlich, oder füllen sie eine Leere und lenken sich ab?

Warum strengen sie sich so an? Man könnte vermuten, dass ihre Motivation der Nervenkitzel und der Rausch des damit verbundenen Risikos ist. Geht es ihnen um ein festes Einkommen oder darum, ihre Bestimmung zu finden? Vielleicht, vielleicht aber auch nicht. Wenn Sie herausfinden können, was jemand am meisten will und warum, können Sie oft herausfinden, was ihn antreibt, ohne ihn direkt fragen zu müssen. Die Art und Weise, wie Menschen diese Frage beantworten, verrät Ihnen deutlich ihre Prioritäten und was sie als

Schmerz und Lust in ihrem Leben betrachten.

Achten Sie auf die Emotionen, die hinter den Antworten der Leute stehen, und Sie können einen ziemlich guten Einblick in ihre Werte bekommen. Das Ziel, zum CEO aufzusteigen, existiert nicht einfach in einem Vakuum - was sind die Gefühle, Emotionen und Erwartungen, die mit dem Wunsch danach einhergehen? Ebenso entspringt der Wunsch, nicht arm zu sein, einem sehr spezifischen Bedürfnis nach Sicherheit und Schutz vor Gefahren.

2. Wo wollen Sie Geld ausgeben, und wo nehmen Sie es in Kauf, zu sparen oder ganz zu verzichten?

Diese Antwort offenbart, was für das Leben eines Menschen wichtig ist und was er erleben oder vermeiden möchte. Dabei geht es nicht wirklich um den oder die zu kaufenden Gegenstände; es kommt ein Punkt, an dem materielle Besitztümer keinen Wert mehr haben, und es geht darum, was diese Gegenstände darstellen und bieten. Manchmal hat es zum Beispiel das Potenzial, das allgemeine Wohlbefinden und die Lebenseinstellung eines Menschen zu verbessern, wenn er Geld für Erlebnisse ausgibt, anstatt für eine neue Handtasche. Achten Sie auch hier auf die zugrundeliegenden Emotionen und Motivationen hinter der Antwort.

Wofür können Sie problemlos Geld ausgeben, und was ist Ihnen egal? Bei der Entscheidung über die Ausgaben für den Urlaub entscheiden sich Menschen zum Beispiel dafür, für einen epischen Bootsausflug zu prassen und in einem günstigen Hotel zu übernachten. Dies zeigt ihren Wunsch, einen unvergesslichen Moment zu erleben, anstatt in einem schönen Hotel mit goldenen Toiletten zu übernachten, was sie als Geldverschwendung ansehen. Andere entscheiden sich vielleicht für das Gegenteil und schwelgen in ihren Annehmlichkeiten, ohne viel von der Landschaft zu sehen. In jedem Fall haben sie buchstäblich ihre Prioritäten und Werte identifiziert und ihr Geld dafür ausgegeben.

Wohin Ihr Geld fließt, ist ein wichtiger Teil dessen, was Sie glücklich macht. Wenn Sie also darauf achten können, wohin Sie es fließen lassen und wo Sie es zurückhalten, werden Sie sofort wissen, was Ihnen täglich wichtig ist. Vergleichen Sie diese Frage damit, wenn Sie jemanden fragen würden: „Was ist Ihnen in Ihrem täglichen Leben wichtig?" Auch hier gibt es eine konkrete Antwort, die es zu analysieren gilt.

Das gleiche Prinzip gilt für Zeit, Geld und Aufwand. Wohin diese Dinge fließen, ob bewusst oder unbewusst, repräsentiert die Werte, die Menschen besitzen.

3. Was ist Ihr persönlich wichtigster und bedeutsamster Erfolg und auch Ihre bedeutsamste Enttäuschung oder Misserfolg?

Es ist allgemein bekannt, dass Erfahrungen, egal ob sie gut oder schlecht sind, Menschen zu dem formen, was sie sind. Erfolge und Misserfolge haben Einfluss darauf, wie jemand sich selbst sieht. Bedeutende

Erfahrungen neigen auch dazu, ihre Selbstidentitäten zu schaffen - Sie *sind diese Art von Person, weil Sie dies getan haben und erfolgreich waren oder gescheitert sind.* Wir können uns der Tatsache nicht entziehen, dass vergangene Ereignisse oft unser aktuelles und zukünftiges Handeln beeinflussen werden. Das müssen sie auch nicht, aber dies ist kein Buch darüber, wie man seine Denkweise ändert. Es geht darum, dass große Ereignisse unser ganzes Leben lang nachhallen werden.

Diese Frage wird also eine Antwort darauf geben, wie Menschen sich selbst sehen, im Guten wie im Schlechten. Misserfolge werden die wahrgenommenen Makel, die sie an sich selbst hassen, schmerzhaft hervorheben, während Erfolge die Stärken, auf die sie stolz sind, zur Sprache bringen werden.

Eine Karrierefrau, die sich auf der Karriereleiter nach oben gearbeitet hat, könnte stolz auf ihre Leistung zurückblicken. Warum betrachtet sie dies als ihre größte Leistung? Weil sie

Unabhängigkeit, Widerstandsfähigkeit und Entschlossenheit schätzt, und genau das ist es, was man braucht, um an die Spitze der Karriere zu gelangen. Sie blickt zurück auf die Dinge, die sie getan hat, um dieses Eckbüro zu bekommen, und sie hat ein positives Gefühl dabei.

Daher ist die Antwort über ihre beruflichen Erfolge eigentlich eine Geschichte über die positiven Eigenschaften, die sie genutzt hat, um diesen Punkt zu erreichen - ihre Selbstidentität. Sie können sich vorstellen, dass sich die gleiche negative Art von Selbstidentität entfalten würde, wenn dieselbe Frau über ihre Misserfolge sprechen würde und in einem Job gelandet wäre, den sie verachtet. Das sind genau die Dinge, die sie am meisten hasst.

Die Art und Weise, wie Menschen diese Frage beantworten, zeigt, wer sie sein wollen, und dies spiegelt sich genau darin wider, wie ihre Erwartungen entweder erfüllt wurden oder nicht.

4. Was ist spielend leicht und was ist immer anstrengend?

Dies ist eine Frage, die darauf abzielt, besser zu verstehen, was Menschen tatsächlich Spaß macht. Etwas, das mühelos ist, ist nicht immer ein angeborenes Talent, sondern eher ein Hinweis darauf, dass sie es gerne tun. Auf der anderen Seite hat etwas, das immer anstrengend ist, nicht immer etwas mit der mangelnden Kompetenz von Menschen zu tun, sondern eher mit einer Abneigung gegen die eigentliche Tätigkeit. Die Antworten auf diese Frage können also darauf hinweisen, wobei Menschen natürliche Freude und Genuss empfinden, auch wenn sie es selbst nicht merken.

Wenn zum Beispiel eine Bäckerin diese Frage beantwortet, erkennt sie vielleicht ihre eher mittelmäßige Fähigkeit zur Kreativität beim Zusammenmischen von Zutaten für ein Dessert. Obwohl sie begabter ist als der Durchschnitt, ist ihre Begabung nicht natürlich, und die Zubereitung von Desserts findet sie schwierig soweit sie zurückdenken kann. Die kulinarische Kreativität ist ihr nicht angeboren, und trotzdem findet sie Freude daran, so dass sie immer wieder dazu angetrieben wird. Es ist herausfordernd, aber deshalb mühelos, weil sie es gerne tut.

Andererseits hat sie vielleicht ein natürliches Talent, traditionelle Rezepte zu verstehen und zu backen - aber das ist nichts, was sie schätzt oder worauf sie besonderen Wert legt. Wenn wir nur ihre angeborenen Talente betrachten würden, würden wir zu dem Schluss kommen, dass sie sich darauf beschränken sollte, die Gerichte anderer auszuführen. Aber das ist einfach nicht das, worauf sie Wert legt. Wie bereits erwähnt, sind das unsere Werte, wohin unsere Zeit, Mühe, Energie und unser Geld fließen.

5. Wenn Sie einen Charakter in einem Spiel erschaffen könnten, welche Eigenschaften würden Sie betonen und welche würden Sie ignorieren?

Bei dieser Frage wird gefragt, was Menschen als ihr ideales Selbst ansehen und auch, was sie als weniger wichtig in der Welt empfinden. Stellen Sie sich vor, Sie haben eine begrenzte Anzahl von Punkten, die Sie einer Person geben können, aber sechs Eigenschaften, auf die Sie die Punkte verteilen können. Welche werden Sie hervorheben und verstärken, welche werden Sie durchschnittlich bewerten und welche würden sie fallen lassen?

Angenommen, Sie haben die Möglichkeit, zwischen den Eigenschaften Charisma, akademische Intelligenz, Sinn für Humor, Ehrlichkeit, Belastbarkeit und emotionales Bewusstsein zu wählen. Die Eigenschaft, für die Sie die maximale Punktzahl wählen würden, ist das, wie Sie möchten, dass andere Sie sehen. Es kann Ihre aktuelle Zusammensetzung von Eigenschaften repräsentieren, oder es kann das komplette Gegenteil von dem sein, was Sie derzeit sind. In jedem Fall ist es mehr als wahrscheinlich, dass dies entweder repräsentiert, wie Sie sich selbst sehen oder wie Sie sich gerne sehen würden. Und die anderen Charaktereigenschaften? Nun, die sind einfach weniger wichtig. Sie wiederum suchen sich Menschen mit den Eigenschaften, die sie mögen, und sind weniger daran interessiert, diejenigen mit den anderen Eigenschaften zu finden. Wahrscheinlich gibt es hinter jeder der Eigenschaften, die Menschen wählen, auch Geschichten.

Eine verwandte Frage, die man anderen stellen kann, ist: „Welche Eigenschaften haben andere Menschen gemeinsam?" Diese Frage stammt aus einer psychologischen Studie von Dustin Wood aus dem Jahr 2010, in der er herausfand, dass Menschen dazu neigen, andere mit ähnlichen Eigenschaften wie sich selbst zu beschreiben. Vermutlich liegt das daran, dass Menschen dazu neigen, ihre eigenen Eigenschaften in anderen zu sehen. Niemand glaubt, dass seine geistige Ausstattung an Eigenschaften ungewöhnlich ist, und so glaubt man, dass jeder eine ähnliche Perspektive und Denkweise hat wie man selbst. Die Antworten auf diese Frage geben einen direkten Einblick in die Eigenschaften, die Menschen glauben zu haben, im Guten wie im Schlechten. Hiervon wissen Sie, welche Art von Einstellung sie zur Welt haben - freundlich, großzügig, misstrauisch, spitzbübisch oder sogar böswillig.

6. Welcher Wohltätigkeitsorganisation würden Sie Millionen spenden, wenn Sie es müssten?

Die Beantwortung dieser Frage zwingt einen dazu, das zu beantworten, was ihm in der Welt insgesamt wichtig ist und nicht nur in seinem eigenen Leben.

Werden Sie an ein Tierheim oder eine Hilfsorganisation für Krebs spenden? Vielleicht würden Sie eine Patenschaft für ein Kind aus einem Land der Dritten Welt übernehmen? Die Menschen sagen sehr unterschiedliche Dinge. Vielleicht haben Sie eine Erfahrung aus erster oder zweiter Hand mit einer dieser Sachen gemacht. Was auch immer der Fall ist, es zeigt, worauf es ankommt, wenn Menschen anfangen, über sich selbst hinaus zu denken. Sie können einen ganzen Sektor der Welt sehen, um den sie sich Gedanken machen, und das erlaubt Ihnen zu sehen, wie sie ihren Platz in der Welt sehen. Mit anderen Worten, wessen Interessen würden sie priorisieren oder sich von ihnen motivieren lassen? Achten Sie wie immer auf die zugrunde liegende Emotion.

Die Fähigkeit, diese Fragen zu stellen, ruft eine tiefere Verbindung zu den Werten, Ideen und dem Bewusstsein der Menschen hervor. Der Zweck, diese Fragen zu stellen, ist wiederum, deren Verhalten zu untersuchen. Diese Fragen leiten eine Person dazu an, über die wichtigsten Aspekte ihres Charakters nachzudenken. Sie bringen Menschen auch dazu, über vorhersehbare Aussagen hinaus zu denken und regen organisch sinnvollere Gedanken an. Gehen Sie über die Antworten hinaus und lesen Sie zwischen den Zeilen. Kritisches Denken, Bewertung und Reflexion sind die Schlüsselqualifikationen, die hier im Spiel sind.

Als Nächstes gehen wir tiefer, indem wir Menschen nach Geschichten fragen, die sie sich ausdenken, anstatt nur eine relativ kurze Antwort zu geben, um somit zu sehen, was wir aus der vollen Wirkungen ihres inneren Dialogs herauslesen können.

7. Welches Tier beschreibt Sie am besten?

Das Tolle an dieser Frage ist, dass es sich um eine sehr persönliche Anfrage handelt, die im Verborgenen stattfindet. Menschen fühlen sich viel wohler, wenn sie über bestimmte Eigenschaften sprechen, die sie bei anderen bewundern, als wenn sie direkt über sich selbst sprechen. Sie werden vielleicht auch feststellen, dass Menschen, die diese Frage stellen, sehr bereit sind, aufschlussreiche Informationen preiszugeben, die ihnen sonst vielleicht zu unangenehm gewesen wären.

Die Distanz, die entsteht, wenn man über ein Tier spricht, kann zu sehr offenen und ehrlichen Antworten führen. Es kann sein, dass Menschen Ihnen ungewollt erzählen, wer sie *gerne* wären, wenn sie von ihrem

Lieblingstier erzählen. Hören Sie der Person aufmerksam zu, die sagt, dass sie Hunde liebt, aber Katzen nicht mag. Fragen Sie sie, warum, und ihre Antwort wird Ihnen klar und deutlich sagen, welche Eigenschaften sie an anderen und an sich selbst schätzt und wie sie gerne sein würde.

Die beste Art, diese Frage zu stellen, ist so beiläufig wie möglich. Lassen Sie es nicht so aussehen, als ob Sie eine ernsthafte Antwort erwarten würden - ironischerweise wird diese Einstellung schnell die Abwehr der Leute überwinden und sie dazu bringen, Informationen über sich selbst preiszugeben, die unglaublich bedeutsam sein können. Was sie Ihnen unmittelbar danach erzählen, ist wichtig - was auch immer ihnen gerade dann in den Sinn kommt, ist der Aspekt von sich selbst, den sie wahrscheinlich als den wichtigsten, relevantesten oder am tiefsten verankert ansehen.

Eine Person sagt Ihnen zum Beispiel sofort, dass sie ein Bär ist und braucht keine weitere Aufforderung, um Ihnen zu erklären, warum: Sie sind wild, beschützen ihre Lieben und man sollte sich nicht mit ihnen anlegen. Dass sie sich nicht für einen Hai entschieden hat, könnte also bedeuten, dass sie sich selbst auch als etwas „kuschelig" sieht?

Oberflächlich betrachtet können solche Fragen unschuldig und spielerisch wirken, aber gerade diese Einfachheit erlaubt es den Menschen, am ehrlichsten zu antworten - wie bei einem Rorschach-Test. Haben sie einen Fleischfresser oder einen Pflanzenfresser gewählt? Ein Fabeltier? Einen Schädling? Ein domestiziertes Tier oder ein wildes, gefährliches Tier? Eine solche Frage fügt Ihrem Verständnis über die Person immense Tiefe und Farbe hinzu - und zwar in ihren eigenen Worten.

8. Was ist Ihr Lieblingsfilm?

Diese Frage ist oberflächlich betrachtet vielleicht genauso offensichtlich wie die vorherige, aber viele Menschen halten nicht inne, um wirklich über die riesigen Mengen an dargebotenen Informationen nachzudenken, wenn Menschen Dinge wie ihre Lieblingsfilme nennen. Mit diesem Thema teilen Ihnen die Leute wirklich die

Erzählungen und Geschichten mit, zu denen sie sich hingezogen fühlen, was Ihnen wiederum auf eine tiefe Art und Weise zeigt, wie ihr inneres moralisches Universum aussieht, wie sie über die Guten und die Bösen denken, oder sogar wie sie sich vorstellen, dass sich ihre eigene große Geschichte entfaltet.

Was ist es, das sie an einem bestimmten Film mögen? Gehen Sie nicht einfach davon aus, dass sie sich mit der Hauptfigur identifizieren - es könnte der Regisseur oder das Genre selbst sein, das sie am stärksten anspricht. Und wenn jemand antwortet: „Nun, es ist ein sehr obskurer unabhängiger polnischer Film, der in den frühen 40er Jahren veröffentlicht wurde. Ich erwarte nicht, dass Sie irgendetwas darüber wissen", können Sie eine Menge ableiten, obwohl Sie noch nie von dem Film gehört haben! Sie können davon ausgehen, dass diese Person Wert auf Exklusivität und Seltenheit legt und sich gerne als Kenner mit exzellentem Geschmack stilisiert (d.h. als das, was andere Leute als einen ärgerlichen Hipster identifizieren würden!)

Verwenden Sie die Antwort auf diese Frage zusammen mit anderen Daten, die Sie sammeln. Was bedeutet es, dass das schüchterne, dünne Kind in der Ecke einen Superheldenfilm am liebsten mag? Was würde eine japanische Mutter im Ruhestand in einem ernsten Film über den Sklavenhandel im tiefen Süden sehen? Die Person, die Ihnen sagt, dass ihr Lieblingsfilm eine Komödie ist - bedeutet es etwas, dass die Komödie, die sie auswählt, keine aktuelle ist, sondern eine aus vergangenen Jahrzehnten, die populär gewesen wäre, als sie noch ein Kind war?

9. Was würden Sie bei einem Brand in Ihrer Wohnung retten?

Sie kennen die Situation. Ihr ganzes Haus brennt und Sie können nur noch einen einzigen wertvollen Gegenstand holen, mehr nicht. Dies ist eine weitere Frage, die tief in die grundlegenden Werte und Prioritäten einer Person eindringt. Vielleicht hatten Sie eine bestimmte Person als pragmatische, emotional fast verkümmerte Person eingeschätzt, bis sie

Ihnen sagte, dass sie ein einziges Buch mit Gedichten retten würde.

Krisen- und Notsituationen haben eine Art, blitzartig ins Leben einzuschneiden. Menschen können sich irgendwie verhalten, bis sie mit dem Rücken zur Wand stehen. Im Film *„Höhere Gewalt"* sieht sich eine Familie mit einer schrecklichen, aber kurzen Bedrohung konfrontiert - einer herannahenden Lawine. In den wenigen hitzigen Momenten ergreift der Vater die Flucht und rettet sich, während die Mutter bei ihren Kindern bleibt. Die Gefahr geht vorüber und alle sind bald wieder in Sicherheit. Im Rest des Films geht es darum, was die Handlungen des Vaters bedeuten - sagt seine reflexartige Reaktion in diesem Moment etwas darüber aus, was er wirklich schätzt - nämlich sich selbst und nicht seine Familie?

Versuchen Sie nicht nur zu verstehen, was eine Person retten würde, sondern warum. Eine Person, die schnell nach ihrer Hauskatze greifen würde, sagt Ihnen, dass sie das Leben mehr schätzt als leblosen Besitz. Eine Person, die sich ihren Reisepass schnappt, sagt Ihnen, dass sie ihre Bewegungsfreiheit, ihre Fähigkeit zu reisen, als etwas ganz Besonderes ansieht.

Ähnlich verhält es sich mit jemandem, der Ihnen einfach sagt, dass er seine Brieftasche nehmen würde, weil sich darin all sein Geld, seine Karten und sein Führerschein befinden, und Ihnen damit etwas Wichtiges mitteilt - nämlich dass er Ihre Frage nicht in Bezug auf Werte oder Hypothesen interpretiert, sondern als ein buchstäbliches und praktisches Dilemma, das auf die logischste Weise gelöst werden muss. Dies ist etwas ganz anderes als die Person, die kühn behauptet, sie würde ein altes Foto ihrer Ur-Ur-Großmutter retten!

10. Was macht Ihnen am meisten Angst?

Viele der obigen Fragen konzentrieren sich auf Werte, Prinzipien, Prioritäten, Wünsche. Aber natürlich können Sie auch durch das, was eine Person aktiv vermeidet, verabscheut und fürchtet, eine Menge über diese Person erfahren. Es verrät Ihnen nicht nur, was sie schätzt, sondern auch, wie sie sich selbst sieht. Schließlich macht es Sinn, dass man das fürchtet, wovor man sich am wenigsten schützen kann, oder das, wovor man das Gefühl hat, dass es einem persönlich am meisten schadet. Es kann enorme Erkenntnisse darüber liefern, wie eine Person ihre eigenen Stärken und Grenzen sieht.

Jemand, der „Spinnen" sagt, wird eine ganz andere psychologische Verfassung haben als jemand, der behauptet, „eine früh einsetzende Demenz zu haben, bei der ich allmählich vergesse, wer ich bin und die Gesichter von allen, die ich früher liebte." Ängste sind oft eine Tür zu den fest verankerten Prinzipien der Menschen - eine Person, die extrem moralisch veranlagt und von Gerechtigkeit und Fairness getrieben ist, könnte Serienmörder, Psychopathen oder sogar dämonische übernatürliche Wesen fürchten.

Andererseits können Ängste Ihnen auch sagen, was diese Person von ihrer Fähigkeit hält, mit Widrigkeiten oder Leiden umzugehen. Die Person, die sich vor Ablehnung, Verlassenwerden und Kritik fürchtet, sagt Ihnen, dass in ihrer Welt psychischer Schaden ernster ist als physischer Schaden. Was würden Sie auch von jemandem halten, der Ihnen unerschrocken sagt: „Ich habe vor nichts Angst"?

Fazit

- Es gibt eine Fülle von Informationen, die wir beobachten und analysieren können, wenn wir versuchen, andere Menschen zu verstehen, aber wir haben in der Regel nicht viel Zeit, um dies zu tun. Die Verwendung kleiner Datenmengen, um genaue Einschätzungen zu treffen, wird „Thin Slicing" genannt. Schnelle Entscheidungen, die auf dünnen Datenmengen basieren, können erstaunlich genau sein. Eine gute Technik ist es, Ihren ersten unbewussten Reaktionen (Intuition) zu vertrauen, diese aber im Nachhinein durch bewusstere Beobachtungen zu ergänzen.
- Achten Sie auf die Wörter, die Personen in ihren Texten und E-Mails verwenden, z. B. die Verwendung von Pronomen,

Aktiv/Passiv, Fluchen, Akzent, Wortwahl usw. Achten Sie auch darauf, wie emotional aufgeladen die Worte einer Person sind und ob diese Menge dem Kontext entspricht, in dem sie verwendet werden. So kann z. B. die Verwendung einer übermäßig negativen Sprache in scheinbar harmlosen Situationen ein Indikator für eine schlechte psychische Verfassung oder ein geringes Selbstwertgefühl sein

- Lesen Sie das Zuhause und die Besitztümer einer Person wie ihre Körpersprache und Stimme: Sehen Sie sich die Geschlossenheit oder Offenheit einer Wohnung an, um z. B. die Kontaktfreudigkeit zu bestimmen. Achten Sie darauf, was in den Räumen, in denen man sich häufig aufhält, im Übermaß vorhanden ist und was auffallend fehlt. Persönliche Besitztümer können Identitätsansprüche darstellen, können etwas über die Art und Weise aussagen, wie eine Person ihre eigenen Emotionen reguliert, oder können ein Beweis für

bestimmte frühere Verhaltensweisen oder Gewohnheiten sein.
- Sie können sich auch auf das Verhalten von Personen im Internet stützen, um zu erkennen, was für eine Art von Person sie sind, auch wenn hier etwas Vorsicht geboten ist. Achten Sie darauf, welche Art von Bildern Menschen posten und welche Emotionen sie vermitteln, insbesondere ob sie positiv, neutral oder negativ sind. Menschen, die positive Bilder posten, sind eher angenehm, extrovertiert oder gewissenhaft, während Menschen mit eher neutralen Fotos in der Regel einen höheren Wert für Offenheit und Neurotizismus aufweisen.
- Sie können Fragen verwenden, um aktiv sehr nützliche Informationen zu erlangen. Mit hypothetischen Fragen können Sie die Abwehrmechanismen von Menschen umgehen und sie dazu bringen, aufschlussreiche Informationen unmittelbar und ehrlich preiszugeben. Das hilft Ihnen, ihre geheimen Wünsche, Werte und ihr Selbstbild besser zu verstehen.

www.ingramcontent.com/pod-product-compliance
Lightning Source LLC
Chambersburg PA
CBHW071230070526
44583CB00017B/2122